ちくま新書

ゴルフ白熱教室

本條 強
Honjo Tsuyoshi

ゴルフ白熱教室【目次】

はじめに　ゴルフに正解はない。あるのはあなたに合う方法だけ

発言者（五十音順）
①ゴルフ歴②平均スコア・HD（ベストスコア）③年間ラウンド数④ドライバー飛距離
・五十嵐龍吾（66歳・男性）①35年②95・HD18（78）③10回④210y
・面樽太志（66歳・男性）①30年②90・HD18③50回④220y
・鎌倉太一（64歳・男性）①10年②98（87）③40回④220y
・喜瀬陽一（66歳・男性）①40年②100（81）③10回④200y
・京橋一蔵（63歳・男性）①35年②95・HD18（80）③65回④210y
・向山　健（66歳・男性）①40年②95③15回④200y
・高松丸平（66歳・男性）①40年②98③30回④230y
・野方よん（65歳・男性）①53年②88・HD12（68）③25回④220y

――こんにちは。この「ゴルフ白熱教室」を主宰することになりました本條強です。読むゴルフ雑誌、『書斎のゴルフ』（日本経済新聞出版社刊）の編集長を20年以上務めました。

この教室は、様々なアマチュアゴルファー25名の方に集まってもらい、悩みや考えを自由に話していただく場所です。それぞれゴルフ歴やハンデは違いますが、ゴルフが好きで真剣に取り組んでいる方ばかりです。レッスンプロ3名の方にも加わっていただき、教える側からのご意見も出してもらおうと思います。

長年多くのプロゴルファーやトップアマ、レッスンプロやインストラクターの方々を取材してきて、徐々に思いを深めたことがあります。その方々のおっしゃることはすべてご自分の経験に裏打ちされており、なるほどと思わされることばかりですが、人によって解決法や理論がまったく異なることがよくありました。つまり、同じテーマの解決方法に、何通りもの正解があるとわかってきました。ゴルフにおける正解はプレーする個々人の正解であり、万人の正解はないということです。

多数の人には正解であっても、少数の人にはまったく不正解ということもあるわけです。私はゴルフ雑誌編集者として、なるべく多くの人に正解となることを紹介したいと考えていましたが、少数の人にとって正解となることを決して斬り捨ててはいけない、間違いだと決めつけてはならないとも感じてきました。

今回、集まっていただいた皆さんに、様々なテーマに対して自由に意見交換を行っていただき、それに関して最も大事なことは何かを探し出していきたいと思います。

得てしてゴルフは細部に目が行きがちです。ミスショットが出た場合に、自分のどこが良くなかったかを自問自答するからでしょう。

アドレスが良くなかった、クラブの振り方が良くなかった、目線が良くなかったなど、それからさらにその細部、前傾の仕方やバックスイングの上げ方、トップの形、インパクトのフェースの向きなどを考えがちとなります。それでも解決できないときに、深い悩みに陥り、自分のゴルフを見失うことになる人もいます。

「枝葉末節にとらわれて、大局を見失う」。ゴルフにおいて最も怖いところはそこにあります。大事なことは**良いプレーをもたらす根幹となる大局を念頭に置きながら、細部を検討する**ということでしょう。よって、これからの議論では常に大局を念頭に置いてほしいと思います。そうしないと上達への道を遠ざけてしまいかねず、ぐるぐると袋小路に陥ることにもなってしまうと思います。大局を見失っていないものであれば、枝葉末節も意味のあるものとなるでしょう。

ゴルフにおいてすべての人に当てはまる正解がなくとも、その人に合う正解は存在するわけで、それを見つけていくことがとても重要です。これからの議論から、様々な意見が出てきて、その中から読者の方々が「自分に合いそうだ、良さそうだ、やってみよう」と思える方法を見つけてほしいと思います。それが各人の悩みを解決すると信じています。そして、自分のゴルフのレベルを上げて、上達してほしい。そのことが、この講座を開こうと思った動機なのです。
　この「ゴルフ白熱教室」では第1回のアドレスから順番に、スイング、ショット、アプローチ、パット、さらにはコース攻略やスコアメイク、メンタルに関してまで、議論をしていきたいと考えています。もちろん、大局を踏まえた上で意見交換がされることを望んでいます。自由にお話ししていただき、皆さん一人ひとりがトライしてみたいと思う項目を選べるようになれば素晴らしいと思います。

高松　本当にそう思います。私はゴルフを始めて40年になりますが、最初は会社の先輩からゴルフを少し教えてもらい、その後は自己流でやっています。いつも思うことは、本や雑誌に書かれていることはあまりに多様だということです。何を信じてよいかわからなくなってしまうのです。

五十嵐　私はゴルフを始めて30年以上になります。始めるときに、どうせやるなら最初からレッスンプロに習ったほうがいいと思い、近くの練習場のプロに教わりました。しかし、いつまで経っても上手くならず、あるとき他の先生に習ってみるとまったく異なることを言うのです。それ以来、誰を信じてよいのかわからずに自分一人で練習しています。
――上達を望む多くのゴルファーが同じ気持ちだと思います。何が正解だかわからず、ゴルフが上手く行かず、思い悩んで先に進めなくなってしまう。しかし、そうなってしまうのは正解がただ一つであると思っているからでしょう。

オリンピック金メダリストであり、その後全米女子オープンに三度も優勝したベーブ・ザハリアスは次のように言っています。「ゴルフにおいてはただ一つの方法というのはない。自分に最も効果のある方法を発見すればよいのだ」と。また、ゴルフ史家であり評論家のジェームズ・ロバートソンは「ゴルフスイングは指紋のようなものだ。2つとして同じものはなく、すべて独特の形をしている」と言っています。さらにヘンリー・ロングハーストは「ゴルフで唯一の欠点は面白すぎることであり、正解のないクイズだ」と言っています。

どれもこれもゴルフの本質を突いていると思いませんか？　ゴルフに正解はない。だからこそ難しいし、面白いわけです。歴史に名を残す人の話や上手な方々の話を聞いて、自分に合いそうなものを選び出しトライしてみる。そのトライ&エラーから自分にマッチするもの、良い結果が得られるものを探し出して行くことです。

上手くいくものを見つけることは簡単ではないでしょう。しかし、「試すという行為そのものを楽しむこと」がとても大切です。そして、自分にとっての正解が掴めれば、それは大きな財産になります。ずっとあなたの助けになってくれると思います。

†想定外のミスが出てしまうとパニックに陥る

向山　その通りだと思うのですが、自分に合うものがなかなかわからない。一つの問題に対してどのような試す方法があるのか、それがそもそもわかっていない。短絡的にこうかな、ああかなと、独りよがりでやっているような気がします。

面𣜿　ラウンド中に想定外のミスが出てしまうと、パニックになってしまいます。あれやこれや自分勝手に直そうとして、ますますミスが起きてしまう。こうなるともう頭の中は真っ白。スコアどころではなくなってしまいます。

――向山さんや面𣜿さんの意見に頷いてらっしゃる方が多いですね。まずは、ラウンド中はミスをしても慌てないことが大切ですよね。中部銀次郎さんは言っています。「ミスをしたら、一度大きく深呼吸する」と。心を落ち着かせて、次のショットは上手く行くと信じる。落ち着いて、いつものゆったりしたリズムでショットを放つ。スイングリズムを失うことが最も恐ろしいのです。緊張すると力が入って、早打ちしてしまうことはよくあります。動悸が速くなることも原因と言われています。スイングが悪かったとは決して思わないことです。よって、ラウンド中はスイングはいじらない。

　中部さんは次のようにも言っています。「見直すとすればアドレスだけ」と。アドレスした方向が悪くて、いつものスイングが変わってしまうことは多々あります。また、構えた方向が悪いと、ナイスショットしたのに目標とは違う方向に飛んでしまったり、打球が曲がったりしてしまうことも多いでしょう。ボールをよく見ようとして背中が丸くなり、頭が下がっていたためにスムーズなスイングができなくなることもあります。**いつものアドレスができているかをチェックすることが、ラウンド中にできる唯一のこと**と考えるべきでしょう。

　戦争で片脚を失ってティーチングプロに転向したアーネスト・ジョーンズは、言っています。「ゴルフコースはスイングの欠点を発見するところ。練習場はスイングの欠点を直すところ」だと。ラウンドで起きたミスを深く考えるのは、ラウンド後の練習で行うということです。また、倉本昌弘プロは言っています。「試合を重ねていくうちにスイングがおかしくなっていく。ホールによって景観が異なり、ライも傾斜や芝など実に多様です。つまりショットは応用ばかりになって、次第に基本がどこかにいってしまう。だから、練習場ではひたすら基本の練習を繰り返すのだ」と。

喜瀬　自己流でいろいろやってみても、なかなか上手く行きません。根本の基礎ができていないからだと思ったりしますが、基本が何かがわかっていないこともあります。

――倉本プロが言われる基本の練習とは、アドレスを見直すことです。倉本プロのようなトッププロがアドレスをチェックするのかと驚く方もいらっしゃると思いますが、試合が重なって一番狂うのがアドレスであり、アドレスが狂ってしまうとスイングまで狂ってしまうということです。倉本プロだけでなく、試合後のプロたちの練習を見ると、アドレスの再チェックに重点が置かれていることがわかります。スティック2本を十字に置いたり、木片を十字にした手作りの道具でアドレスの方向をチェックしたりしている光景をよく見かけます。

我々は、アドレスを疎かにしてスイングのことばかりに頭が行きがちです。しかし、アマチュアでもスイングより重要なのはアドレスです。目標に対して、いつもの自分のアドレスがとれているか。スタンスの方向だけでなく、上体の傾きであるスパインアングルや頭の位置や手の位置などもチェックする必要があると思います。倉本プロは平地の練習場では「背骨の向きが地面と垂直になっているか」のチェックを怠らないそうです。背骨の向きに関してはいろいろなご意見もあろうかと思います。

このようなアドレスに関しての問題は、次の講座で皆さんと議論していきたいと考えています。どういうことをしっかりとチェックすれば、自分にとって良いアドレスなのかを見極めてほしいと思います。

京橋　長い間、ゴルフの基本とは何かがわからずにおりましたが、最近、ようやく少しつかめた気がします。しかし、ひとたびコースに出ればミスショットが多く出て、迷うことばかりで、自信をなくしてしまいます。

――私たちは、たとえ優秀なコーチがいても信頼しきれずに迷ってしまいます。自己流ならなおさら迷ってしまうものでしょう。バードングリップ、すなわちオーバーラッピンググリップで有名なハリー・バードンは「ゴルフとは朝に自信を与えると思えば、夕方には自信を失わせるゲームである」と言っています。

ゴルフにのめり込んだ某大学の教授は、毎週日曜にプレーしています。週に何度も練習して問題点を克服し、それを日曜にコースで試す。その人は駅からコースまでバスで行くのですが、行きのバスの中では自分はもちろん、多くの人が期待で胸が膨らみ、元気一杯で口も滑らかです。ところが帰りのバスは彼も周りの人も一言も発さない。無言の静かなバスだそうです。練習した成果がほとんど出ず、意気消沈。ゴルフはかくも思い通りにならない難しいスポーツだと痛感する、と言っています。

しかし、それがゴルフだと言ってもよいですよね。ゴルフに対して真剣に取り組んでいる人は誰もがそうした行きと帰りの経験を味わっていると思います。アメリカのスポーツライターであるアーサー・デイリーはこんな喩えを使っています。「ゴルフは恋愛のようだ。真剣にやらないとつまらない。真剣すぎるとがっくり来る」。先程の教授も同じ気持ちでしょう。では、どうすれば、いいと思いますか？

野方　うーん、そうですね。恋愛のことはわかりませんが、確かにのめり込んだ方が面白い。でも、僕たちアマチュアはプロではないのですから、生活がかかっているわけじゃない。よく言うじゃないですか。「命までは取られないよ」って。だったら、楽しむことが最も大切だと思うんです。楽しむというか、楽しいと思えるゴルフをするってことです。

面樽　同窓会のゴルフが最も楽しいです。仕事での付き合いゴルフは面白くない。ゴルフが好きなのに、心底笑えない。同窓会ではみんな大笑いです。何がそんなに楽しいのかわからないけれど、ミスをしても大笑い。これもゴルフだなあと思います。

†ゴルフは楽しむもの、楽しいことが最も大切

――その通りだと思います。ボビー・ジョーンズは「人生の宝は財産ではなく友人。何人のゴルフ友達を得られたかだ」と言っています。ジョーンズは真剣に競技ゴルフに取り組み、優勝を目標としてからは食欲さえなくし、家族との団らんさえ犠牲にしてゴルフに賭けました。しかし、そうした選手生活に疲れ果ててしまうのです。

そこで最後はグランドスラムを獲って潔く引退すると誓い、精魂を振り絞って目的を達成しました。現役を引退したあと、競技でしのぎを削ったゴルフ仲間たちと楽しいゴルフがしたい――。それがオーガスタGCを造った動機であり、マスターズを催した目的だったのです。笑顔の絶えないプライベートコンペ、それがマスターズだったのです。だから、プレーするゲストは招待制にしたし、賞金などなくてもよかった。

とはいえ、ジョーンズも友人たちも世界の超一流選手です。楽しむにはそれなりのゴルフコースが必要です。楽しくやりがいのあるコース。決してプレーに苦しむことのない、技を競い合えるコース、それがオーガスタだったわけです。こうしたことがゴルフというゲームの真髄だと考えていたわけです。あくまでゴルフはplay、遊びだということです。

鎌倉　ゴルフは楽しみでやっているのに、ミスショットが何度も出ると嫌になってしまいます。思い悩み、苦しくなることもあります。でも、ジョーンズが言うように、ゴルフは遊びです。ストレスを溜めてどうするんだと思います。それにはミスショットも楽しまないと。ミスを笑い飛ばさないといけませんね。しかし、この「ゴルフ白熱教室」の議論で、私たちアマチュアの言うことなど、役に立つことがあるのでしょうか？

——大いにあります。倉本プロは「アマチュアから学ぶこともある」と言っていました。「練習場で前の打席の人のスイングに、自分にとって問題点を解決するヒントがあった」と言うのです。「その人はまったくわかっていなくて、自分が下手だと思っているかも知れないけれど、ある部分でとても素晴らしいことがある。それはプロになった自分が忘れていたことだったりする」と言っています。だから、アマチュアの意見も決して疎かにできません。自分と同じ悩みを克服した人もいるかもしれず、その方法が参考になることも大いにあるはずです。

上級者はそうした悩みを克服したことが多いでしょうし、経験も豊富でしょう。トーナメントプロの中にはこれまでの人生で一度も100を叩いたことがないという人もいますが、そういった人たちの方法にも私たちが参考になることがたくさんあります。もちろん、レッスンプロやインストラクターは多くのアマチュアを指導し、ビギナーを上級者に上達させてきたこともあるでしょうから学ぶことは多いはずです。

この教室では、そうしたレッスンプロやインストラクターの方々にも特別に参加していただいています。私のこれまで出会った人の中で、考え方や教え方が柔軟で、生徒たちの個性を重んじて、自分のゴルフ理論に決してはめ込もうとしない方々です。皆さんの意見に耳を傾けてくれると共に、きっと議論を盛り上げてくれると思います。

大前提は、**「ゴルフには万人に共通する正解は存在しない、存在するのはその人の正解だけだ」**というものです。それを探し出す楽しさを味わってほしいと私は思います。それが即ち、上達したいゴルファーにとっての楽しさだと思うからです。そして、ここで参考になったことを基に、少しでもスコアを良くしてほしい。平均ストロークを縮めて、ハンデキャップを減らしてほしいと思います。ヘンリー・ロングハーストは言っています。

「ゴルフを見れば見るほど人生を思う。人生を見れば見るほどゴルフを思う」

枝葉末節にとらわれず、大局を見失わずに、議論を掘り下げていきましょう。

さあ、いよいよ次回から具体的な項目に入りましょう。まずはゴルフの基本である、セットアップです。

第１回［**アドレス**］

弾道をイメージ、上手く打てると信じられるアドレスを行う

発言者

■指導者

・久富章嗣先生（72歳）元日本大学ゴルフ部主将。ゴルフ向学研究所所長

・尾林弘太郎プロ（61歳）後藤修氏の下で研鑽を積む。「ロジカルゴルフ」提唱者

■アマチュア

①ゴルフ歴②平均スコア・HD（ベストスコア）③年間ラウンド数④ドライバー飛距離

・五十嵐龍吾（66歳・男性）①35年②95・HD18（78）③10回④210y

・面樽太志（66歳・男性）①30年②90・HD18③50回④220y

・五明都幾子（46歳・女性）①6年②85③45回④200y

・下田洋子（63歳・女性）①20年②98・HD22③30回④180y

・西　和泉（73歳・男性）①50年②85・HD10（73）③60回④230y

・馬場聖志（74歳・男性）①50年②80・HD6③120回④220y

・半藤大人（66歳・男性）①19年②84・HD9③100回④230y

・保元　勉（70歳・男性）①30年②84・HD9③30回④200y

・雪野小百合（47歳・女性）①3年②85・HD10（78）③60回④210y

――「ゴルフ白熱教室」の第1回を始めます。初回のテーマはアドレス、構え方です。セットアップと言ってもいいですね。アドレスは、スタンスや体の向き、背骨や頭の位置、上体の倒し方。この他にボール位置やフェースの向きやクラブヘッドの置き方などもあります。さらに大事なものとしてグリップがあります。たくさんの要素があります。

中部銀次郎さんの有名な言葉があります。「アドレスに始まり、アドレスに終わる」です。全米・全英オープン、全米プロも制したトミー・アーマーは言っています。「ボールを打つまでが上手くできれば、その後は考えなくとも自然に上手くいく」と。中部さんも「ミスショットの原因は90％以上アドレスにある」と言い、公式戦生涯100勝を挙げている阪田哲男さんは「打つ前にミスをするな」と言っています。アドレスが上手くできれば、ナイスショットになるというわけです。

つまり、それほど大切なアドレス、セットアップなわけです。様々な要点があるわけですが、では、アドレス、セットアップにおける忘れてはいけない大局とは何でしょうか？

面樽　上手く打てるという自信の持てるアドレスにすることだと思います。不安や怖れがないものです。一方で、欲や願望もないアドレスです。ただただ上手く打てると心底信じられるもの。よく言われる「無我の境地」だと思いますが、なかなかできません。ドライバーショットは広いホールや短いホールなどでは飛ばしたくなりますし、狭いホールやOBや池が目に入れば不安になります。「落ち着いて」と自分自身に言い聞かせますが、そう思うこと自体、すでに恐怖の自縛があるのだと思います。打つ前にミスをしちゃっています（笑）。

半藤　私は最近になってようやくシングルハンデになれたのですが、ゴルフでは集中することが最も大切だと思います。集中すれば欲や不安がなくなります。大きく深呼吸して、ボールを見つめて、打つことだけに集中します。こうすると飛ばしたいとかナイスショットしたいとかミスしたくないとか、そういった邪念が消えてしまいます。無心になれるのです。リラックスできると同時に、力強く振り抜くことができます。ルックアップすることもなく、インパクトでボールをとらえるところを見ている気がします。

五明　私は最近になって常に80台で上がれるようになりました。私が一番大事にしていることはリラックスです。打つ前はどうしても緊張してしまいますので。とはいえ、「リラックス、リラックス」と言ってもなかなかリラックスできません。かえって体が固くなったりして（笑）。そこで自分なりにリラックスできる方法を考えています。肩の力が抜けるように首を伸ばして肩を下げる。腕をだらんと下げる。クラブを柔らかく握る。こうすると力みのないアドレスになります。

――皆さん、素晴らしいですね。**「無心になる」「集中する」「脱力する」がアドレスの三大要素**でしょうか。藤田寛之プロが「アドレスすると必ず邪念が浮かぶ。それを一つずつ消して、すべて消えたところで打ち始める」と言っています。彼ほどの一流プロでもアドレスで不安が生じる。人間に心があるからでしょうし、アドレスは動き出す前の静止した時間であり、だからこそ考えない、思わないということが難しいのでしょう。倉本昌弘プロは素振りもせずに構えたらあっという間に打ちますが、それは「迷う前に打つ」からだと言っています。打つ前には不安になる要素、例えば目の前の池やバンカー、崖やOBといった目に入った障害物をすべて頭から消し去って、「目標だけに集中する」と言っています。他にはいかがでしょうか？

スクエアアドレスの是非を問う

西　私もセットアップでは「目標に集中」だと思ってアドレスします。ゴルフは目標に打つターゲットスポーツですよね。目標にボールを打ち続けて最後はカップに沈める。そこまでの打数を競い合うわけです。であれば、まずは目標に打つことに集中しなければいけない。私は打つ前に目標を定め、そこに打ちやすいところにティアップして構えたら、あとは目標に打つだけと思っています。他には何も考えません。それでハンデ10を維持しています。

馬場 私は競技が好きで全日本で10位以内になることが目標ですが、アドレスで思っているのは、目標に向けてフェースをセットしたら、インパクトでフェースがその向きに当たるようにクラブを振るということだけです。いつでもジャストミートを心掛けます。当たる構えを心掛けて、実際にしっかりと打つだけです。アドレスの細部は気にしません。目標にボールが飛べばそれでいいので、気持ち良く打てるアドレスであればいいです。

半藤 目標に打てるように、スクエアアドレスを心掛けています。ライフルで目標を狙ったとして、そのライフルが目標を向いていなければどうしようもありません。アドレスが打つ度にまちまちだと、インパクトでフェースの向きが狂ってしまいます。インパクトは見えないので調整できない。そこでスクエアアドレスにします。インパクトでフェースがいつも目標を向くような基準を作りたい。そこでスクエアアドレスにします。中部銀次郎さんも言われているように、スクエアアドレスだといつも同じように構えやすいです。目標までのラインとスタンスのラインを並行にして、体をすべて並行にする。コースでも目標に構えやすいです。

五明　私もスクエアアドレスにするのが、目標に打ちやすいと思っています。なぜなら、注意しないとすぐに右を向いてしまうからです。飛球線に対して並行に立っているつもりなのに、ショットが右に飛んでしまい、おかしいなと思ってスタンスの向きにクラブを置いてみると右に向いているんです。そこで今では、パットの時のようにティアップでボールのラインを目標に合わせてからアドレスするようにしています。松山英樹プロもそうしているそうです。

雪野　私は飛球線上のボールの左50㎝くらいのところにスパットを置いて、スパットとボールを結ぶラインにスタンスを並行に置くようにしています。これは打ち出しをスパット上にできるので、飛球線に打ち出しやすくなるメリットがあると思っています。ティアップしたボールのラインを目標に合わせるやり方だと、ラインが右に向いている気がしてしまいます。パットでも同様に錯覚してしまうので、ボールの何も書いてない所を上に向けてスパットに打ち出すようにしています。そのほうが気持ち悪くなくていいです。ちなみに私は40代になってゴルフにのめり込んだゴルファーで、それ以来毎日楽しく暮らしています（笑）。

西　雪野さんは、ゴルフを初めて僅か3年でシングルになったと伺っています。すごいです。ところで、私の場合はスクエアアドレスにはしていません。というのも持ち球がドローなのでスタンスは目標よりも右になる、クローズドスタンスなのです。出球が右になってドローがかかって目標に落下します。私とは違ってフェードが持ち球の人は目標よりも左に向くオープンスタンスにすると思います。出球が左になってフェードして目標に落ちる。このように自分の持ち球によってスタンス向きは変わると思います。

帝王ジャック・ニクラウスはオープンスタンスでフェードでしたし、新帝王と言われたトム・ワトソンはクローズドスタンスでドローが持ち球だった。どちらも持ち球に磨きをかけてチャンピオンになった。自分の持ち球に応じた構えができればいいのではないでしょうか。

尾林プロ　私はゴルフを教える者として、ビギナーやアベレージゴルファーはまずはスクエアアドレスを行ったほうがいいと考えています。そうでないと、毎回アドレスが変わってしまい、スイング軌道も変わってしまうことでミスショットを誘発するからです。いつも同じアドレスを作るのであれば、スクエアアドレスは指標にしやすい。スタンスの向きと膝や腰、肩の向きも合わせやすい。ミスショットをしたときに何が悪かったかがわかりやすいのです。つまり、アドレスのミスからミスショットになることを少なくできると考えます。

久富先生　私もゴルフを教えていますが、最初にスクエアアドレスとスクエアグリップにすることとは、生涯スライスに悩むゴルファーになるか、または右にも左にも飛ばしてしまう不安定なショットの持ち主にしてしまうと考えています。

そこで、最初はクローズドスタンスにさせて、引っかけショットを打つように勧めます。弱々しいスライスが影を潜めてランの出るショットになります。これができるようになったら、オープンスタンスでスライス打ちを教えます。こうするとスタンスによってショットが右か左か一方になり、どちらに飛ぶかわからないということがなくなります。安心して打てるようになり、致命的なミスを減らすことができます。引っかけとスライスを繰り返すうちに、球の回転がわかってくるようになり、ドローボールやフェードボールが打てるようになる。こうなると上級者というわけです。

——尾林プロと久富先生は教え方や考え方は異なりますが、どちらもナイスショットを身につける方法ですね。実際に言えるのは、スクエアアドレスで正確なショットを繰り出している人もいれば、オープンスタンスやクローズドスタンスで目標に打っている人もいるということですね。重要なのは、西さんが言うように**ゴルフはターゲットスポーツであり、**

目標に打つことが大切だということです。先に目標ありき、セットアップはそれを可能にするものであると。セットアップが先で目標が後では決してない。究極は馬場さんが言うように、目標にしっかり打てればアドレスは関係ないとも言えますね。

しっかりとスムーズにスイングできるアドレス

保元　私は仲間たちとゴルフ研究会を作っていますが、アドレスはスムーズにスイングできるものが大事だと考えます。練習場に行くとギクシャクとしたスイングをよく見かけます。これは、飛ばそうとして力んだアドレスがもたらしています。体が硬くなるとスムーズに動かなくなる。手に力が入ってしまうと手首や腕が柔らかく動きません。五明さんが言われるように、アドレスではリラックスすることがとても大切だと思います。ボールを打つときも、素振りのように滑らかにスイングできることが重要だと思います。

面樽　アドレスでは、肩をストンと落とすように心掛けています。構えたあとに何度か肩を上下してストンと落とします。グリップも極力柔らかく握ります。こうするだけでリラックスできて力が抜けます。スイングでも肩がよく回ります。アドレスで力を入れると肩が上がってスムーズに振ることはできません。また、アドレスで頭が下がってしまうとスイングがつかえてしまいます。ボールをよく見ようとすると、頭が下がってしまうと思います。よくボールは下目遣いにして見ろと言いますが、これって結構大事なことだと思います。

五十嵐　背中が丸まっている人も、窮屈なスイングになってしまいます。背筋は伸びていたほうがいいですよね。中部銀次郎さんも**「頭の先から尾てい骨まで一直線になっているのがいい」**と言っていたと思います。そうなれば、頭は下がらないし、背中も丸まらない。

中部さんは「おでこを壁に付けてクラブを持たずに素振りしなさい」と言っていますが、これをやると頭の下がっていない、手も真っ直ぐにおりた良いアドレスになりますし、頭の動かないスイングが作れます。このことを知って以来、部屋の中でよくやっています。最初は手が壁に当たって痛い目にあいました（笑）。思っていた以上に手が遠くにある構えになっていたと思います。

保元　ゴルフスイングは回転運動ですよね。回転がぶれずにスムーズに行われるには、回転軸が必要です。スイングの場合、回転軸は背骨になりますよね。背骨が歪んでいたらスムーズな回転はできません。中部さんの「頭の先から尾てい骨まで一直線」というのは、そこまで回転軸だということです。独楽を考えればよくわかると思います。独楽の軸は真っ直ぐに胴体を突き抜けて伸びている。だからいつまでも回っていられるのですね。そういったことからも、私はアドレスでは背骨を一直線にすることを最も大切に考えています。

五十嵐　回転軸をずらさないためには、頭が動かないことが大切だと思います。せっかくスムーズに回転できても軸がぶれてはジャストミートできない。そこが独楽とは異なるところですよね。回っていればいいというわけではないですから（笑）。そういうことでは、下半身もゆらゆら動いてはいけないと思うのです。つまり、腰が左右にスエーしては当たらない。どっしりと構えて、上半身の回転を支えないといけないと思うのです。

馬場　私もそう思います。どっしりと構える。私は野球をしていたのですが、内野手の構えがゴルフの構えでもあると思っています。腰を落とした左右のどちらにも動き出せる構えです。棒立ちでは俊敏には動けません。屈み過ぎでも動きづらい。ちょうどいい前傾が作れます。

雪野　私はバレーボールをやっていたのですが、レシーブの構えができているのでどっしりとアドレスできます。なので、力強いスイングができます。ただちょっと屈み過ぎになることがあるので、気をつけています。ゴルフのアドレスをよく高いスツールに腰掛けたときの感じだと言いますが、そう思ってちょっとお尻を突き出した構えにしています。決して椅子に深々と腰掛けないように（笑）。

尾林プロ　両足を揃えて膝を伸ばして真っ直ぐに立ちます。クラブを持って頭の上から剣道の面を打つように下げて、ヘッドが地面と当たると自然にお尻が突き出ています。こうして両足を肩幅に開いて少し膝を曲げれば、屈み過ぎでも棒立ちでもない良いアドレスになります。

五明　股関節から前傾するということですよね。こうするとズボンの股のところにV字のシワが寄ります。私が習っているコーチからこのV字が大切だと言われています。Vのできないアドレスは腰が入ってない、緩い下半身だと。下半身が緩いと、腰が回らずにふわっとクラブを上げてしまいます。左右にスエーもしやすいです。

面樽　スタンス幅は広いほうがいいのか、狭いほうがいいのか。左右の足の向きはハの字に開いたほうがいいのか、右足だけは真っ直ぐがいいのかなど、ゴルフの本を読むといろいろあって迷ってしまいます。

尾林プロ　自分がどんなボールを打ちたいかで自然に決まってくると思います。足を広げて強い球を打ちたいか、足を狭めて体の回転力を高めてヘッドスピードを上げたいか。足をハの字に開いて深いバックスイングをとりたいか、右足だけ真っ直ぐにしてコンパクトなバックスイングにしたいか。いろいろやってみて自分が思う球を上手く打てるものがいいと思います。

†ボール位置やフェースセット、見るところ

――スタンスの向きとボール位置は相関関係があると思いますが、皆さんはどう考えていますか？

保元　ボール位置はドライバーの場合、かかと延長線上が正しいように言われますが、それも正解ではないですよね。一つの基準であって、そこからボール1個外や内にしてみる。こうするだけで良い球が出たり、求める弾道を手に入れられたりしますから。

尾林プロ　ボール位置は、スイングの最下点と関係があると思います。ドライバーは最下点から上がってきたところでインパクトを迎えるので、ボール位置は体の正面よりも当然左寄りになる。アイアンはダウンブローに打つのでインパクトしてから最下点を迎える。よって右寄りになるというわけです。もちろんインパクトでは腰がアドレスよりも左に移動しますので、その分、スイングの円弧も左に移動しますので、それを考えたボール位置になります。

保元　となれば、素振りでボール位置を決めるのがてっとり早いですよね。ドライバーは素振りでティを打ってみる。アイアンはターフをとってみる。その人にとってのボール位置が決まります。倉本プロは**「ボール位置は最初にありきでなく、素振りでクラブが地面と当たったところ」**と言っています。こうしたところから、アドレスではスイングの最下点を見るようにしています。つまり、ドライバーではボールよりも右側、アイアンではボールよりも左側になります。

面樽　となると、アドレスではボールを見ていないのですね。

西　私の場合は、ボールの先を見ています。というのも、インパクトでスイングを止めないためです。インパクト後までしっかりと振り抜こうと思っていますので。

五明　私はボールを見つめると体が固まってしまうので、ぼんやり見るようにしています。凝視すると頭が下がったり、体がボールに近づいたりして、ミスショットを招きます。テニスではボールをよく見て打ちなさいと言うのですが、それはボールが動いているからで、ゴルフの場合は見過ぎるのは禁物ですね。

馬場　私はちらっと見るくらい。プロはボールをしっかり見て打ってはいないそうです。漠然と見ている。岡本綾子プロが「ボールを見つめたら穴を掘るだけ」と言っていたのを読んだことがあります。私の場合は、ちらっと見て体が固まらないうちにスイングを開始します。見つめたら体が固まって上手く打てないと思います。

五十嵐　私はスイングで頭が残るように、アドレスでは少し右を向くようにして、左目でボールを見るようにしています。頭を残した形にアドレスでしておくわけです。こうするとルックアップしにくいですね。そういえばヘッド・ビハインド・ザ・ボールになるように、頭を右に少し向けてから顎を下げて首との間を締めて、首の左筋を立てるという人がいました。頭をロックするのだと。これをやると確かにルックアップがなくなりました。

†グリップはリラックスできるものがいい

――皆さん、いろいろ工夫されていますね。「ゴルフはミスのゲーム」と言われますが、ミスをいかに減らすか。ボールの見方一つ、首の据え方一つにおいても、自分だけのコツを摑んで実践に役立たせている。では、「アドレス」論議の最後に、グリップについて意見を出していただけますか？

下田　ゴルフを始めたときに、先輩からオーバーラッピンググリップが普通のグリップだと言われて握ったのですが、手から抜けそうで怖かったです。それでインターロッキンググリップを知ってからそれに変えました。でも、強く振り抜くのなら、テンフィンガーのベースボールグリップもいいそうですね。時松隆光プロもやっていますし、勝みなみプロもテンフィンガーにしてから飛距離が大幅にアップしたと。私のような非力な女性ゴルファーは取り入れてもよいと思っています。

馬場　私は、ベースボールグリップだと右手が効き過ぎて左に飛んでしまいます。そこでオーバーラッピングにしているけど、左手のグリップをウィークにするかフックにするか、どちらもいいようでよくないし、定まらないですね。悩みの種です。

久富先生　グリップは、プロでも一生悩むと言われています。私はスライスのひどいビギナーなどにはフックグリップを勧めています。しかも右手も左手も親指と人差し指だけでクラブを持つツマミグリップがいい。練習でやってみると、途端に力の抜けたスムーズなスイングになります。ヘッドが走ってスライスが防止できますね。

保元　ハーヴィー・ペニックさんのレッスン本が好きで何度も読んでいますが、ペニックさんは、アベレージゴルファーはスクエアグリップではスライスになりやすいので、少しフックグリップにしたほうがいいと言っています。私もそう思って実践しています。

五明　私はテニスをやっていたせいで右手が強いので、右手は支えるくらいにしています。

ミスショットのほとんどは右手が悪さをしたときです（笑）。右手は指を使わずに手の平で押すようにしています。ですので、しっかり握るのは左手です。左手の中指、薬指、小指の3本が一体になってしっかり握るようにしています。これはベン・ホーガンも言っていますよね。

西　私は、グリップは右手と左手が一緒になって一つのグリップだと思うのです。つまり、両手を合わせた形で、その中にクラブが収まっていることだと。ですから、右手と左手を合わせて拝むようにしてクラブを握っています。

高松　倉本プロは、グリップで大切なのは「両手が同じ方向を差していることだ」と言っています。これは西さんの言われた合掌ですよね。それをチェックする方法は**「親指と人差し指のV字が右手も左手も同じ方向を向いていることだ」**と。また、岡本綾子プロは「右手のV字が緩んでいる選手に良い選手はいない」と言っていました。緩んでいる選手はショットも緩むと。それを知ってから私は右手のV字を絞るように気をつけています。

雪野　私が習っているコーチも、グリップにおけるV字をとても大事だと言います。特に右手がピストルの引き金を引く形、いわゆるトリガーグリップになっているか、ここが緩んでいると良いショットは打てないと言われます。

西　グリップにロンググサム、ショートサムというのがありますよね。左手の親指が伸びているかいないかということですが、伸びているロンググサムだとクラブを斜めに長く握れない。鷲づかみになるので、力が入ってしまいます。私はロンググサムになりやすいので気をつけています。

尾林プロ　サム・スニードは「グリップは小鳥を包むように柔らかく握る」と言っていますけど、とても重要なことですよね。クラブを強く握り締めると腕や肩に力が入って、スムーズなスイングができなくなります。柔らかく握って、クラブが振れるようにしないといけません。

保元　グリップの役割は、クラブが離れないことだと思います。クラブフェースが自分の思ったところにあること。それができればどんなグリップでもいいと、私は思っています。手首が自由に動いてヘッドを走らせることができるグリップ。ボールを押せるグリップと言ってもよいと思います。

馬場　グリップがずれると、クラブのフェース面がずれてしまいます。大事なのはボールに対してスクエアにフェースが当たること。それがきちんとできるグリップが大事だと思っています。ワッグルしてもズレない、スイング中にズレない。柔らかく握っても、ズレては元も子もありません（笑）。

——皆さんが、グリップにも強いこだわりをお持ちであることがわかりました。大事なことは、**腕や肩がリラックスできるグリップであるかどうか**。そうするには手に力を入れない、握り締めないことが大事です。クラブが抜けない程度に柔らかく握る。そうした意味で、ベン・ホーガンは「左手の人差し指と、左手の平の下側で手首に近い部分、小指球（肉厚）の2点で引っかける」と言っています。こうするとクラブが抜けないグリップが作れるというわけです。

また、ホーガンは次のようにも言っています。「グリップだけの練習を行うこと。良いグリップがあってこそ良いスイングになる」と。中部銀次郎さんも同じことを言っています。「醜いグリップの人に上手なゴルファーはいない」と。アベレージゴルファーでも上級者でもグリップについては、常に「今のままでいいのか」と試行錯誤を繰り返し、より良いグリップを目指したいですね。

今回、アドレスについて深く話し合うことができました。次回はいよいよスイングについて議論したいと思います。

第2回［スイング］

無理なくスムーズにスイングできるリズムを整える

発言者

■指導者

・久富章嗣先生（72歳）元日本大学ゴルフ部主将。ゴルフ向学研究所所長

・尾林弘太郎プロ（61歳）後藤修氏の下で研鑽を積む。「ロジカルゴルフ」提唱者

■アマチュア

①ゴルフ歴②平均スコア・HD（ベストスコア）③年間ラウンド数④ドライバー飛距離

・五十嵐龍吾（66歳・男性）①35年②95・HD18（78）③10回④210y

・面樽太志（66歳・男性）①30年②90・HD18③50回④220y

・向山　健（66歳・男性）①40年②95③15回④200y

・五明都幾子（46歳・女性）①6年②85③45回④200y

・下田洋子（63歳・女性）①20年②98・HD22③30回④180y

・昇田球一（82歳・男性）①50年②90（73）③30回④160y

・高松丸平（66歳・男性）①40年②98③30回④230y

・西　和泉（73歳・男性）①50年②85・HD10（73）③60回④230y

・野方よん（65歳・男性）①53年②88・HD12（68）③25回④220y

・保元　勉（70歳・男性）①30回②84・HD9③30回④200y

――第2回を始めます。今回のテーマは「ゴルフスイング」についてです。前回のセットアップでは、アドレスにおける大局から細部にまで話が及びました。スイングでも大局的なところから議論を進めてほしいのですが、レッスン書ではいきなりバックスイングからフィニッシュまでを細分化して解説しているものを多く見かけます。私はスイングは分けて考えるのではなく、一つのものとして考えるほうが良いと思っています。細部を一つ一つ考えてしまうとスイングは台無しになる、そう思っています。

では、スイングにおいて最も重要なことはどのようなものでしょうか？ 例えばリズムはどうでしょう。リズムが良ければ良いスイングになると思いませんか？ ボビー・ジョーンズのスイングは「歌が聞こえる」と言われました。サム・スニードも「スイングで最も大事なものはリズムである。ワルツを踊るようにスイングせよ」と言っています。ジョーンズもスニードも、素晴らしいスイングを持つプレーヤーでした。**良いゴルフスイングは良いリズムから生ずる**。皆さんはどう思いますか？

久富先生　まったく同感です。**ゴルフスイングは、フォームよりもリズムが大事**だと私も思います。形よりもリズム。リズムが良ければ滑らかなスイングとなり、ナイスショットが生まれます。スイングのリズムは人それぞれですから、個性的な素晴らしいスイングになる。私は心の中にメトロノームを持つようにと生徒たちに言っています。素振りの段階から「イチ、ニ、イチ、ニ」と唱えてクラブを振る。その素振りのリズムのまま、ボールを打つように指導しています。

下田 不動裕理プロや古閑美保プロを育てた清元登子《きよもとたかこ》プロは、実際にメトロノームを鳴らしながら練習させたと聞いたことがあります。自分のリズムが持てれば狭いコースや大事な一打を打つときもミスをしないで済むと。古閑プロは優勝争いのときに大いに役立ったと言っています。

面樽 ちばてつやさんの『あした天気になあれ』というゴルフ漫画では、主人公の向太陽くんが「チャー・シュー・メーン」と言って豪打を放ちますが、太陽は「チャー」でバックスイング、「シュー」で切り返して、「メーン」で打ちます。渋野日向子プロも「チャー・シュー・メーン」で打っていると言いますが、彼女のは「チャー」で打つきっかけを作るフォワードプレスを行い、「シュー」でバックスイングして、「メーン」で振り抜くのだそうです。

保元 面白いですね。スイングはどんなリズムでも一定になることが大事で、しかも我々のようなアマチュアは、ゆったりとしたリズムで打つことがナイスショットに繋がるわけですよね。「チャー・シュー・メーン」はそのリズムをもたらす言葉ですよね。スコットランドの諺にも「ゆっくり上げて、ゆっくり下ろせ」というものがありますし、ボビー・ジョーンズは「スローバック、スローダウン」と言っています。その際、切り返しの間をとるための言葉を入れるかどうかが問題になりそうです。向太陽の「シュー」にあたる言葉です。私はそうした言葉が必要だと思いますが、いかがでしょうか？

†ナイスショットになる、まじないの言葉を唱える

——伝説のゴルファー、トム・モリスは「ファー・アンド・シュアー」と言ってナイスショットを放ったと言います。「ファー」でバックスイング、「アンド」でトップでの切り返しの間を作り、「シュアー」でボールを打つというわけです。「シュア」でなく「シュアー」と音を伸ばすのはフォローまで振り抜くことが大事だというわけです。また、レッスンプロとしても大成功したトミー・アーマーは「ワン・ツー・ウェイト・スリー」でした。「ワン・ツー・スリー」に「ウェイト」を加えているわけですが、これは文字通り切り返しで「待て」と間をとるようにということです。「スリー」と音を引っ張るのはこれもフォローまで振り抜くことを意味しています。「チャー・シュー・メーン」が「メン」では

なく「メーン」と伸びているのも一緒ですね。

久富先生　ゆっくり振ることは大事ですよね。特にアマチュアはバックスイングをゆっくりすること。ダイ・リースは「速すぎるバックスイングに一流プレーヤーはいない」と言っています。ハリー・バードンは「ボールは頭の上にはない。そんなに急いでバックスイングする必要はない」と言っています。生徒を教えていて思うのは、**コースに出るとスイングリズムが速くなる**ということです。緊張するからですね。緊張して動悸が速くなればスイングリズムも速くなるし、呼吸が速まればスイングリズムも速くなるというわけです。

面樽　緊張しているなと思ったら、打つ前に一度大きく深呼吸するようにしています。それと皆さんがおっしゃるように、ゆったりしたリズムで素振りをして、そのリズムで本番のショットも行うように心掛けています。それにはやはり「チャー・シュー・メーン」のようなまじないの言葉を唱えるのがいいように思います。

†良いスイングになる距離を見つける

久富先生　私は生徒たちにゆっくりしたスイングを行わせるために、2番手大きなクラブを持たせるようにしています。つまり普段8番アイアンを使う距離であれば、敢えて6番アイアンで打たせます。スイング幅は小さくせずにあくまでフルスイング。すると、最初は「グリーンをオーバーするのではないか」と思うわけですが、ゆったりした素振りをさせてから打たせると、ほとんどがナイスショットになります。スイングに無理な力がなくなり、スムーズになって、とても美しいスイングになります。誰でもそうなります。

昇田　私は久富先生のもとで、この「2番手アップ」をやりました。グリーンをオーバーしたら、すぐにダブルボギーになりますよね。なので、怖いと思うのですが、それだけにゆったりと振るようにします。そうですね、いつもの半分のスピードと言ってもいいでしょうか。かなりショートするかなと思うのですが、2番手上を持っているので実際はぴったりの距離になります。ボールが右に左にと散らばらなくなって、グリーンをとらえる確率が上がりました。そこでわかったことは、これまでどれほど力を入れて打っていたかということ。目一杯振ってはいないつもりなのに、実はほぼマン振りしてたんですね。

五十嵐　ある有名プロのもとでインストラクターになった方にラウンドレッスンを受けたとき、「ナチュラルスイング」なるものを教えてもらったことがあります。アプローチウエッジを持たされて、「グリーンに乗せやすいと思うところから打ってください」と言われ、90ヤード地点からグリーンを狙ったのです。10発打って乗ったのは2発でした。

そのあとで「グリーンに乗せようとは思わないで、力を抜いて打ってください」と言われて打つと、すべてのショットがグリーンには届いていません。ところがボールはグリーン手前の一箇所に集まっているのです。そのプロは言いました。「それがあなたのナチュラルスイングでのショットです」と。距離はほぼ70ヤード。これが私のアプローチウェッジの正しい距離だというわけです。

久富先生　力を入れずにゆったりと自然に打った距離が70ヤードで、しかもそれは球がまとまる距離だったというわけですね。ナチュラルスイングのナチュラルディスタンス。あなたが思っていたアプローチウェッジの距離のちょうど2番手下です。つまりは、「2番手アップ」のクラブでナチュラルスイングすれば、ナイスショットの確率がうんと増えるというわけです。

面樽　となれば、我々はスイングが悪いためにミスをしているのではなく、良いスイングになる距離で打っていないということになりますね。力を入れすぎて悪いスイングになっていると。そうであれば、良いスイングになるために練習するのではなく、**良いスイングになる距離を見つけて打てばいい**わけですよね。誰もがそもそもは良いスイングを持っていると。

久富先生　まったくその通りなのです。良いスイングになる距離を見つけることです。そうすれば球が散らばらずに自然に集まる。ナイスショットの確率が増えて、スコアが良くなります。自然にそうなるわけです。ところが、ほとんどの人は自分勝手に自分の距離を決めてしまい、必要以上に力を入れて打っている。それでミスを重ねている。面白いのは、**実はゆったりとリズム良く打つと飛距離もアップしてくる**ということです。理由は、一つにはミート率がアップすること、二つには手首が柔らかくなってリストが使えることでヘッドが走るようになるからです。思い切り振れば、スイングは乱れるし、飛距離は落ちます。ともかく誤った理想を追い求めているうちは、いくら練習しても上手くならないし、スコアも良くならない。すべてが徒労に終わってしまうのです。

――大変に有意義な議論となりましたね。誰もが生まれながらにして良いスイングを持っている。持っているのにそれを発揮できていない。なぜならば、知らず知らずのうちに必要以上に力を入れた無理なスイングになっているからだというわけです。力を入れずにスムーズなスイングになれば、自然と良いスイングになる。力を入れないスイングとは自然にゆったりとなるスイングであり、それを可能にするのは敢えて飛ばそうとしないことであり、ナチュラルスイングで得られる距離を打つことである。2番手上のクラブを使うことも一つの方法だということですね。

†フットワークは善か悪か、手打ちは善か悪か

——次に、ゴルフスイングにとって問題となるフットワークに議論を移したいと思います。レッスンプロにスイングの話を聞くと、まずは手の振りについて、次に体の使い方についてとなり、足の動きについてはほとんど言わないことが多いです。フットワークの話をすると、多くのアマチュアはボールが当たらなくなる気がするからだと私は想像しています。しかし、プロのスイングを見ると、足の動いていない選手は皆無です。皆、フットワークを使って飛ばしています。体の小さな女子プロがアマチュア男子よりも飛ばすのは、フットワークを使っているからだと思います。皆さんは、フットワークについてどう考えていますか?

向山　私は、足を動かさずに打つようにしています。そのほうがボールに当たるからです。若い頃は飛ばそうとして足を大胆に動かしていましたが、ボールは大抵あらぬほうに飛んでしまいました。当たれば飛びますが、当たらないので飛距離も出ません。足を使うと、どうしても体がぶれてしまうからだと思います。であれば、足は極力動かさないほうがい

い。飛距離は落ちますが、ミート率が良くなるので、距離も方向も安定します。

面樽 石川遼選手が飛ぶ鳥を落とす勢いで活躍していたときに、あるゴルフ雑誌に彼が「バックスイングで右足に100%体重を乗せ、フィニッシュでは100%左足に体重が乗るようにスイングしている」と言っているのを読みました。それが飛ばしの秘訣だというわけですね。そこでさっそくやってみたら、もうチョロばっかりになって、まったく当たらなくなってしまったんです。それ以来、ゴルフ雑誌を読むのが怖くなりました。元のベタ足に戻して、当たり重視のスイングにしました。

五明 私はベタ足にはしていません。手打ちではなく体を使って打ちたいからです。男性と一緒にレギュラーティで回ることが多いので、飛距離で後れをとりたくないのです。ただし、体を使うと言っても、体重移動は右足から左足へと意識して行ってはいません。スイング軸がぶれてしまうのが嫌なので、軸を保つようにして自然に足を動かしています。いわゆる一軸のスイングというものだと思います。バックスイングでは左足をヒールアップしていますし、ダウンスイングでは左足を踏み込んでいます。体は小さいですが、飛距離はそこそこ出るほうだと思います。

西 私は足を使って打ちます。スイングは足だと思っています。腰から始動して、足は自然に動くに任せ、肩と手を動かしてバックスイングします。ヒールアップは自然に行っています。ダウンスイングも腰から動かし、足が動いて、肩、手と動かして行きます。ですので手が一番最後、ヘッドは下ろさずに十分に溜めてから一気に振り抜きます。私も体は小さい方ですが、飛距離には自信があります。若い頃に陸上競技をやっていたので、自然に足が動くのだと思います。走るのと同じ、かかとからつま先への動きですね。足を使わなければボールを遠くに飛ばせないと思います。

保元　野球でもテニスでもフットワークを使ってボールを打ちますよね。上体だけで打っている選手などひとりもいない。ボールを打とうとすれば、足は自然に動くものだと思います。まずは歩いたり走ったりする動作が基本にあるわけで、足を動かすから自然に手が動く。倉本プロが「イチ、ニ、イチ、ニ」と足踏みして、そこに手の動きを付けるレッスンを読んだことがあります。私はそれがゴルフスイングだと思います。

細かく考えれば、足が動いて股関節が動いて胸が回って腕が動く。その動きはすべて回転運動です。左右に動かすのではなく、回転した結果、右足に体重が乗り、左足に体重が乗り替わる。このスイングは腰を正面にしたまま行うと腰を痛めます。背骨の軸を中心とした回転運動を、フットワークから行えばいいということですね。

久富先生　先程、私は素振りの段階から「イチ、ニ、イチ、ニ」と唱えてゆったりとクラブを振ると言いましたが、その手の動きに合わせて軽く足踏みするようにします。足の動きと手の動きは連動しますから。速く走ろうと思ったら手を速く振れと言いますよね。ゴルフでは足を速く動かせば手が速く動くようになる。足を動かして腰の回転を速くする。そこに手がついてきて飛距離アップに繋がります。

保元　手はあくまでも最後で、リストを解放してクラブヘッドをビュンと走らせる。腰が先に回転して、振り遅れる感じでボールを打って遠くに飛ばせるのだと思います。つまり、スイングは振り遅れでいいと思っています。決して手から先に打ってはいけない。頭も突っ込んではいけない。足を使って体を回し、頭を残して、一気に振り抜く。そうすれば力などいりません。ヘッドが走って飛距離が出ると思います。

尾林プロ　**ゴルフスイングは足の回転から行うもの**だと思います。アドレスしたら、バックスイングは右足首を回転することから始まります。下から上に回転して最後は腕と手。ダウンスイングはヒールアップしていた左足を踏み込むことから始まります。これも下から上に回転し、最後に手となります。足につられて体と手が動いていくということです。

――すべての打撃スポーツがそうであるように、フットワークは自然に行われるものであるということですね。足の動きにつれて体が動き、腕と手が動く。それらはすべて回転運動である。フットワークを使うからこそヘッドスピードも出せるし、強い当たりとなり、遠くへ飛ばせると言えそうです。

ジャック・ニクラウスは「足を使い体を回転。その後で手がついてくる」と言っています。トミー・アーマーは「スイングはフットワークを使うことで自然に良いものになっていく」と言っています。足を使って当たらなくなったというのは、足を使ったからではなく、足の使い方が良くなかったということでしょう。スイング軸をぶらさずにフットワークを行う。それは頭の位置を動かさないと言ってもよいと思います。スコットランドに「ボールを飛ばしたいのなら、ダウンスイングでクルミを割るくらい左足のかかとを強く踏み込め」という古い諺があります。恐れずに足を使って飛ばしてほしいと思います。

†ボールを打つよりも素振り。素振りでスイングを作る

――スイング談義の最後は、素振りについて話しましょう。「素振りだけ見れば、どんな下手なゴルフファーも上手に見える」と、セントアンドリュースGCの有名プロであったアンドラ・カーカルディが100年以上も前に言っています。ハーヴィー・ペニックは

「君の素振りは一番美しい」と、ボールを打つときにはあまりにスイングが違ってしまうことを言っています。「素振りと本番が同じになればシングル」という言葉もあります。素振りは誰でも素晴らしいのに、その素振り通りにボールを打つことは難しい。これはゴルフが始まって以来の永遠のテーマです。

久富先生　どうすれば素振りのスイングでボールを打たせることができるか。そのために私は指導者をやっているようなものです。呪文を唱えながら素振りをさせ、そのリズムでボールを打たせています。2番手上のクラブを持たせて打たせるのも、一つの方法です。フォームをとやかく言えばおかしくなる。というか、フォームは誰でも本来いいものを持っているわけですから、そこは言わない。自然に良いスイングになることを考えるだけです。

五十嵐　岡本綾子プロは、**毎日100回の素振りをしなさい**と言っています。そうすれば自然と良いスイングができあがり、本番でも素振りのスイングで打てると。私の知り合いの男性がゴルフを始めるにあたり、岡本プロの言われたことを実践し、毎日100回、欠かさず素振りをしました。半年の間一度もボールを打たなかったのですが、その後いきなりコースでナイスショットを放ち、初ラウンドと思えないスコアであがったのです。そして、それから数ラウンド後に100を切りました。

野方　私もその人を知っています。その1年後くらいでしょうか、その方とゴルフをしたのですが、初心者とは思えない慣れた感じでボールを打ち、前半のハーフで40台前半で上がり、負けそうになりました。スムーズな良いスイングで飛距離も出ていました。素振りを繰り返すことで良いスイングが固まるというのは本当なのだと、改めて思い知りました。

尾林プロ　ゴルフを始めたときに素振りを繰り返したのが、良かったのですね。変な癖がつかずに自然に自分のスイングができあがった。最初からボールを打ってしまうと悪い癖がついてしまい、直そうにも直せないことが多いです。素振りは誰もがそもそも良いスイングなのですから、それを固めるのは的確な教えだったと思います。さすが、岡本プロですね。

昇田　私は自己流でゴルフを始めて、すぐに練習場でボールを打ってコースに出てしまい、それから何十年も上手くなれずに苦しみました。その後に久富先生と出会って、ようやく悪い憑きものが取れて、80台であがれるようになりました。良かったのは親指と人差し指だけでグリップするつまみグリップですね。力を入れようにも入れられない。それで脱力できて、スイングが良くなったと思います。誰もが素振りのスイングがいいというのはボールがないので脱力しているからですよね。それがわかるまでうんと遠回りしてしまいました。

保元　ハーヴィー・ペニックさんは「重いクラブを持って、1回の素振りを60秒かけてゆっくり行いなさい」と言っています。こうするとスイングをチェックしながら行うことができるというわけです。ジーン・サラゼンも「重いクラブを使って素振りをすれば、クラブに体が振られるので自然と良いスイングになる」と言っています。私が若い頃はゲーリー・プレーヤー・リングという練習用の重い輪があって、それをクラブヘッドの先端のほうに付けて素振りをしたものです。スイングに必要な筋肉が鍛えられ、良いスイングができあがると言われました。

五十嵐　ベン・ホーガンは、「朝起きたら足を揃えて小さなスイングから、徐々に大きなスイングにする」素振りを行ったそうです。こうすると、正しいスイング軌道が身につくと。ホーガンが唱えたのは、大きな一枚のガラス板が自分の肩からクラブヘッドまで斜めに下りていて、そのガラス板の上をシャフトがなぞるという素振りでした。また他にも、振ったら戻してまた振るという連続素振りを繰り返していたそうです。連続して振るうちに力が抜けてきて、クラブに体が振られる良いスイングになるというわけです。

高松　さすがに練習熱心なベン・ホーガンですね。素振りの練習一つでもいろいろ工夫していたのですね。倉本プロは「冬はコースに出ずに部屋で素振りをしなさい」と言っていました。冬は着ぶくれしてスムーズに振りにくいし、風が吹けばスイングも乱れてしまう。枯れた芝ではショットも打ちにくい。良いスコアにはならず、自信をなくすだけ。だったら、暖かい部屋の中で素振りをして、スムーズな良いスイングを固めなさいと。

久富先生　**「クラブに振られるスイング」というのが素振りのキーワード**だと思います。自分からクラブを振らない、自分からボールを打ちに行かないということです。結局、これが悪い癖を付けてしまいます。手にも腕にも肩にも力を入れず、下半身リードの体の回転によって、クラブを振るのでなくクラブに振られる。私はこれを「でんでん太鼓のスイング」と呼んでいます。でんでん太鼓のようにくるくると太鼓を回せば、紐についたバチが遅れながら振られてデンデンと太鼓を叩く。まさにそうした腕に力を入れない、体の回転に振られるスイングが大事なのです。

――良いスイングを作るには素振りが一番、というのが結論ですね。サム・スニードは「とても軟らかいシャフトを使ってスイングすれば、ヘッドが戻ってくるタイミングがわかるようになり、ナイスショットが打てるようになる」と言っています。グニャグニャシャフトです。私も倉本プロにそうした練習用のクラブで打たされたことがありますが、上手く打つのはとても難しい。スニードが言うように、ヘッドが戻って来るのを待たなければ打てません。しかし、これができるようになるとヘッドを走らせるコツがわかるようになります。

力一杯振ってもヘッドは走りません。手とヘッドの動きが同じではヘッドは走らない。手が一瞬、止まるからこそヘッドが走り抜けます。そのコツをグニャグニャシャフトのクラブが教えてくれます。松山英樹プロもグニャグニャシャフトのクラブで練習しています。素振りを行うのであれば、女性用クラブを使うのも上達の方法だと思います。

さて、今回も有意義な議論でした。次回は今回のスイングの議論を基に、ショットについて話したいと思います。

第3回［ショット］

再現性の高いスイングで、スピンコントロールして目標に打つ

発言者

■指導者

・久富章嗣先生（72歳）元日本大学ゴルフ部主将。ゴルフ向学研究所所長

・尾林弘太郎プロ（61歳）後藤修氏の下で研鑽を積む。「ロジカルゴルフ」提唱者

■アマチュア

①ゴルフ歴②平均スコア・HD（ベストスコア）③年間ラウンド数④ドライバー飛距離

・五十嵐龍吾（66歳・男性）①35年②95・HD18（78）③10回④210y

・池田三夫（66歳・男性）①23年②平均95・HD26③30回④210y

・面樽太志（66歳・男性）①30年②90・HD18③50回④220y

・加賀春之輔（74歳・男性）①15年②95（87）③30回④200y

・高松丸平（66歳・男性）①40年②98③30回④230y

・中田孝一（74歳・男性）①40年②105（90）③30回④190y

・野方よん（65歳・男性）①53年②88・HD12（68）③25回④220y

・半藤大人（66歳・男性）①19年②84・HD9③100回④230y

・保元　勉（70歳・男性）①30年②84・HD9③30回④200y

・雪野小百合（47歳・女性）①3年②85・HD10（78）③60回④210y

――第3回を始めます。今回のテーマは「ショット」です。これまでのセットアップとスイングの議論を踏まえた形になります。

「ショット」とは、ボールを打つことを言います。元々はラテン語で弓矢を射ることでした。相手を狙う攻撃です。拳銃が発明されると発砲のことになり、ショットガンなる銃器も現れます。スポーツではテニスやゴルフに用いられます。バスケットやサッカーではシュートと言います、ラグビーでは、ペナルティゴールをキックと言わずショットと言うようになりました。ビリヤードで球を突くこともショットです。

そうした「ショット」なので、ゴルフにおいても目標をしっかり狙った一撃になります。方向の定まらないものはショットとは言いませんし、ドライバーが飛ぶなどという言い方もおかしい（笑）。ドライバーショットが飛ぶ、です。なので、今回はそのような「ショット」にこだわってみたいと思います。

五十嵐　目標を狙って打つことがショットであれば、それができれば良いショットというわけですよね。倉本昌弘プロの本に、「良いスイングとは再現性の高いスイングであって、いつでも狙ったところにボールを落とせるスイングである」というのがあります。つまり美しいスイングである必要など決してなく、**ひどいスイングでもいつも同じに振ることが**

できて、同じ所にボールを落とせれば良いスイングだというわけです。辛口の倉本プロの言い方になりますが、我々アマチュアには「下手を固めろ」と言っています（笑）。

高松　さすが、倉本プロですね。私もその本、読みました。「下手を固めろ」とは良いスイングに改造する必要はないということです。そんなことをしても時間がかかるだけで、ものになどできない、時間の無駄だと。倉本プロは「飛距離は、シングルハンデになるくらいなら今のスイングで十分。問題は同じ所に打てないこと」と言います。スイングは個性的でいいというわけですが、なかなか下手を固められないです（笑）。

面樽　「下手を固める」という言葉、我々に光を当ててくれますね。というのは、私が思うには「下手を固める」とは自分の打球の弾道を確実にするということではないでしょうか。どスライスでも、どフックでも、いつも同じ打球が打てて、同じ所に落下させられる。倉本プロ流に言えば、それが良いショットですよね。目を見張るような飛距離の出るドローボールでなくてもいい。飛距離が出なくても、人から見ればひどいスライスでもいつも同じ所に落とせる。そうしたら鬼に金棒ですよね。

——アーノルド・パーマーは「変則スイングでも固めたら強い。自信ある自己流は自信なき正統派に勝る」と言っています。父から「ボールをしっかり打て」とだけ習ったパーマーは常に「ヒット・ザ・ボール・ハード」と思いきり打つことを信条として、ダウンスイングで沈み込み、ハイフィニッシュという独特のスイングになりました。そのスイングを固めるために猛練習を行い、恐ろしく低い弾道でピンを目がけて打つ攻撃的ゴルフを展開して人気を博し、メジャー7勝を挙げました。パーマーは若い時に、その癖のあるスイングを見た先輩のトニー・ペナから、「ゴルフを辞めて別の仕事に就いたほうがいい。大成しない」と言われたそうです。それでも美しいスイングなど求めず、自分のスイングを固めたから強かったのです。

五十嵐　私の知っている人にもいます。左を向いてアドレスし、ボールを隣のホールに打ち出して、見ている人が「フォアー」と言いそうになったところで、打球が急激に右にカーブしてフェアウェイセンターに落下する。その人、私たちを見て「どうだい？」という感じでニヤッと笑うんです（笑）。このどスライスを毎ホール毎ショットやるわけです。フェアウェイウッドもアイアンもどスライス。自分の持ち球で狙い所にぴたりと落とす。そうしてハーフ40代前半で上がってしまう。たまげました。

久富先生　ゴルフはスピンのゲームなのです。卓球やテニスと一緒です。ボールを回転させて自分の思う弾道を打って、狙ったところに落とす。このことに気がついていないゴルファーがとても多い。回転に意識が働かない。無回転だと思っているのではないかと疑うくらいです。しかし、丸いボールに平らなクラブが当たるわけです。それも斜め上から当たるのですから、サイドスピンがかかって当然なのです。

もしも真っ直ぐ飛ばそうとしたら、真っ直ぐの縦回転をさせなきゃいけない。そんなことは無理です。無理をやろうとするから、右にも左にも飛んでしまう。その逆に、どうせサイドスピンがかかるのであれば、真っ直ぐ打とうとは思わずに、フックやスライスになるように敢えてスピンをかける。このほうがよほど簡単にできます。どちらも打てれば最高ですが、どちらかだけでもいい。自分の持ち球ができればコースをたやすく攻めることができます。ＯＢや林があろうが怖くなくなる。私は生徒たちにそう教えてきました。

中田　久富先生が弱々しい私のスライスを見て、「敢えて引っかけを打つようにせよ」と言われたのは、単に左に打てということでなく、スピンを学ばせようとしていたのですね。

引っかけから強いスライス、フックというように異なる球を打たされたことも、スピンを覚えろというわけですね。

私は卓球もしていて、カットしたりドライブをかけたりしますが、ゴルフではまったくスピンのことを考えてなかったです。卓球は相手をスピンで翻弄させたいのですが、ゴルフは相手がいない。なので、単に真っ直ぐに打てばいいじゃないかと思っていたわけです。しかし、敢えてスピンをかけるほうが、確かにやさしいですし、安心もできますよね。コースを広く使えますから。だったら、どスライスでも固めてしまえばいいですよね。

久富先生 スピンを意識して、それを使えるようにしようとするなら、スライスもフックもやってみる必要があります。どのように打つとどんなスライスになるのか、どうすればフックになるのかを体で知ることが大事なんです。これがわかって、スライスのほうが打ちやすいならスライスに、フックが打ちやすければフックを持ち球にして磨きをかければいい。曲がりを抑えることを覚えて、ドローやフェードを持ち球にすればいいのです。とにかく真っ直ぐ打とうとしても、苦節40年とかになる。敢えて曲げることを覚えれば、短い時間で上達できるのです。

加賀 私も久富先生から引っかけを命じられて、なんでわざわざ左に曲げるのだろうと思っていました。この先生は真っ直ぐ打てと言わない、変だなあと不思議に思っていました。でも、引っかけがわかってきて強い球を打てるようになると、その引っかけを使ってフェアウェイセンターに打つことができるようになりました。強い当たりですごく転がるので距離も出ます。弱いスライスを打っていたときとは、ツキとスッポンです（笑）。ゴルフに初めて自信が持てたときでした。しかも、思いもよらない球が出て大きなミスになるということがなくなったのです。今思えば、スピンコントロールというものが少し手に入ったときだったのかも知れません。

半藤　ドローとフェード、どちらも打てるようになったほうがいいのでしょうか？　それとも、どちらかを持ち球にしたほうがいいのでしょうか？　私は競技ゴルフをしてきましたが、試合で安心して使えるのは持ち球です。もちろんホールによっては、逆の球筋で打ちたいこともありますが、それをやると思わぬケガをすることもある。なので、持ち球が使いにくいホールでは敢えて刻んでパーをとれるような戦略を立てます。もちろん、ダボにならないようにボギー狙いに変更することもあります。ドローとフェード、どちらも試合で使うのは難しいと感じます。

久富先生　持ち球で勝負していく。いいと思います。私が生徒たちにフックもスライスも打たせるのは、先程も言ったようにボールスピンというものを理解してほしいからです。試合では安心して打てる球でなければ使えない。プロならば練習量が多いので、ドローとフェード、どちらも操れるかも知れない。しかし、アマチュアには難しいでしょう。**シングルハンデになるくらいなら、どちらかの持ち球で十分**です。苦手なホールならボギー狙いで十分。スコア82～85であがればいい。ボギーはたくさん打つことができるのです。無理をする必要はありません。

野方　持ち球を決めているプロもいますよね。ニクラウスはフェードだし、ワトソンはドローです。ふたりのマッチプレーのような試合では、互いの持ち球で勝負していました。今のプロはどちらも打つ人がいますが、男子のトッププロではロリー・マキロイやジャスティン・ローズはドローだし、松山英樹プロやダスティン・ジョンソンやブルックス・ケプカ、ジョン・ラームはフェードです。日本の女子プロも上田桃子プロや渋野日向子プロはドロー、稲見萌寧プロや原英莉花プロはフェードです。やはり、安心して使える球はどちらかになるのだと思います。

――持ち球こそゴルフにおける「ショット」、と言ってもいいかもしれません。安心して狙った所に打てる球ですから。大事なのはスピンコントロールを把握するということ。久富先生も言われたように、ゴルフは「スピンゲーム」という認識をしっかりと持つことでしょう。

倉本昌弘プロの持ち球はドロー、岡本綾子プロの持ち球はフェードですが、ふたりとも門下生たちに敢えて曲げることを教えています。川岸良兼プロが日大を卒業してプロになって倉本門下に入ったときに、敢えて曲げろと言われてびっくりしたそうです。これまで真っ直ぐ飛ばすことばかり考えて練習していたわけですから、当然かもしれません。しかし、敢えて曲げようとすると、自分からスピンをかけることになる。そうすることでどれくらいスピンをかけると、どれくらい曲がるかがわかってくる。スピンコントロールができるようになる。つまり、ボールを思うままに操れるようになり、曲がりを小さくして、安定したフェードやドローも打てるようになるというわけです。

ボールスピンがわかってくるようになると、弾道の高低差も思ったようにつけられる。こうなると、コースレイアウトを考えながら巧みに攻めることができるし、風やラフからのショットもスピンを想定して打つことができるようになるというわけです。

†スピンがわかると飛距離アップも図れる

五十嵐　中部銀次郎さんのドライバーショットは、糸を引くような綺麗な弾道だったと言われていますよね。ジェット機の飛行機雲のように、一直線にサーッと飛んでいったと。阪田哲男さんのドライバーショットも、ツーッと綺麗に飛んでいく中弾道でした。阪田さんは「ボールスピンをコントロールして、曲がりのない真っ直ぐなボールを打っているんだ。だから、アゲインストのときにも距離はほとんど落ちない」と語っています。岡本綾子プロは「サーッという音が聞こえるようなドライバーショットを打ちなさい」と言っていました。こうした発言や弾道からして、3人のドライバーショットは低スピンだったと想像しています。

半藤　ボールスピンを意識するようになると、飛距離もアップすると思っています。私は50代からゴルフを本格的にやり出して、60代になってから距離が伸び始めました。毎日腹筋と背筋、ランニングをして筋力アップをはかり、さらにはストレッチをしっかりやり体が柔軟になって、ヘッドスピードがアップしました。そして、毎日打ちっ放しに行くことで、ミート率がアップしました。こうして飛びの三要素（ヘッドスピード、ミート率、スピン）のうち、2つを向上させましたので、残る課題はスピンです。クラブフィッティングに行って計測すると、スピンが多いんですね。高いスライスが持ち球なので、どうしても

3500回転くらいになってしまうんです。飛距離の出る適正スピンは2500回転前後と聞いていますので、何とかしたいのですが、なかなか適正になりません。

野方　女子プロはほとんどスピン量が2500回転前後なので、飛距離が出るそうですね。プロですからミート率はほぼ満点でしょうが、ヘッドスピードは生来のものからはなかなかアップしないので、**スピン量を適正にすることで自分の能力のマックスまで飛距離をアップしている**そうです。ゴルフ雑誌の記事で読んだのですが、2022年の賞金女王となった山下美夢有プロは身長が150cmと小柄なのに平均飛距離は236ヤード。西村優菜プロも身長150cmですが平均231ヤード、古江彩佳プロは153cmで242ヤードも飛ばすそうです。3人ともヘッドスピードは40～42m／s。それで我々男性よりも飛ばすのですから、いかに効率良く打っているかがわかります。

半藤　私は大学で物理学を学んでいたことから、ゴルフを科学的に考えてしまう癖がついています。飛距離におけるキャリーは初速の二乗に比例しますので、やはり初速アップが大事だと思い、練習場ではヘッドスピード計測器を置いて計りながら練習しています。どうすれば速くなるか、振り方を考えて練習するようになりますし、体も鍛えなきゃと思います。キャリーは打ち出し角が45度だと最も出ます。基本的にミサイルはその角度で撃ちますし、ホームランも45度に上がるように打ちますよね。大リーグではそのためにアッパーで打つ選手が多いですよね。大谷翔平選手も同様です。ただ、ゴルフの場合はランが飛距離に加わりますので、一概に45度がいいとは言えず、ランの出る打ち方にするのも飛距離アップの方法だと思います。

池田　私はエネルギーの専門家で、半藤さん同様にゴルフも科学的に考えてしまいます。ボール初速をアップするにはヘッドスピードとミート率、ミート率を英語で言うならスマッシュファクターですが、これが大事になりますよね。さきほど半藤さんとお話ししたら、野方さんが言われた3人の小さな女子プロはいずれもミート率は理想的な1・50だそうです。これはボールスピードをヘッドスピードで割った値です。計算式によれば、ヘッドスピード35m／sでミート率が1・50の人と、40m／sで1・30の人はボール初速がほぼ同じになります。ヘッドスピード計測器はミート率も測れると思いますので、活用するといいですよね。

半藤　私のミート率は、先日測ったら1・488でした。以前は1・45くらいでしたので、この向上も飛距離に繋がっていると思います。これからも飛びの三要素の数値を良くしていきたいのですが、自分の体や技術の向上だけでなく、クラブフィッティングが大事になると思っています。ヘッドスピードが出てミート率が上がり、適正スピン量となるクラブとシャフトを手に入れる。**クラブによって飛距離が伸びるのは、とても効率の良い方法**だと思います。

面樽　私は最近あるメーカーにフィッティングに行って、クラブを新調しました。友人も一緒だったのですが、フィッティングしてもらうと、どちらも飛距離が何と20ヤードもアップして、しかも球筋もストレートになって、申し分ありません。私の場合、コースに出ても上手く打てています。自分に合っているドライバーだと信じているからだと思います。飛距離は大幅に伸びましたし、ミート率もアップしたので、ミスショットが減りました。

半藤　フィッティングでは、自分に合うシャフトにすることが最も大事だと思うのです。ヘッドよりもシャフトですよね。重さと硬さとキックポイント。私は右手の人差し指を伸ばしてグリップをしているのですが、それはシャフトのしなりを感じたいからなんです。ダウンスイングでシャフトがしなって、インパクトでそのしなりが戻って球をとらえる。これが上手くできるとヘッドが走って飛距離がアップしますね。コックを解かずにシャフトをしならせて、頭を残してシャフトを戻らせて、ヘッドが素速く通り過ぎるように振る。しなり戻りで飛ばすように考えています。

†インパクトの衝撃力が飛距離に繋がる

野方　トーナメントをテレビで観ていて、よく体重が増えて飛距離が伸びたといった話を聞きます。最近だと堀琴音プロはドローからフェードに変えてショットが安定し、しかも体重が増えたために飛距離もアップしたと。それで復活優勝を遂げ、その後も好調ですよね。体重を増やしたり、体重移動を大胆に行ったり、左足の踏み込みを強くしたりすると飛距離がアップするのでしょうか？　ゴルフ雑誌で右足と左足をそれぞれの体重計に乗せてスイングさせると、プロはインパクトでものすごく左足に体重がかかると出ていたのですが。

半藤　体重が増えたことや踏み込みが強くなったら飛ぶかというと、物理学的には直接関係がないと思います。それによって体の捻転力が増して、ヘッドスピードがアップした結果飛距離が伸びたのではないでしょうか。私はバックスイングで右足に十分に体重を乗せたら、ダウンスイングから左足への体重移動を100%にしたいと思ってスイングしています。こうすると腰のキレが速くなり、飛距離がアップしますので。

池田　体重が増えたり踏み込みが強くなったりすれば、インパクトにおいての衝撃力が増しますよね。そのために飛距離アップが果たされたのだと思います。その衝撃力はインパクトの時間が長くなればアップします。というのは、パワー×時間が衝撃力になるからです。**ボールとの接触時間が長いほうがエネルギー効率が上がり、飛距離がアップします。**それ故に、私はインパクトゾーンを長くするようなスイングでドライバーショットを飛ばしたいと思っています。

面樽　スイングがテーマの時にも話したのですが、私は体重移動を大きくすると体がスエーしてしまうのか、ミート率が下がってしまいます。よって飛距離をロスしてしまうので、体重移動は意識せずに自然に行うようにしています。足の動きを意識せずに、手の振りに足の動きがついていくようにしています。手の振りが速くなれば足も速く動き、腰の回転も速くなって飛距離が伸びると思ってそうしています。

半藤　さきほどバックスイングで右足に十分体重を乗せると言いましたが、そのときに左足はヒールアップしません。スエーするのが怖いからです。ダウンスイングでは右足を蹴るようにヒールアップして、左足で体重をすべて受け止めたいと思っています。

高松　私は体を使って飛ばしたいので、ベタ足ではありません。バックスイングでは左足をヒールアップして体を十分に捻るようにしています。十分に捻って、その振り戻りの反動力を使って飛ばしています。とはいえ、スエーしないように頭を動かさないようにして、背骨の軸を中心に上半身を捩り上げています。

雪野　私はダウンスイングで左足を一歩前に踏み出して打つようにしています。野球のバッティングのような打ち方でしょうか。大谷選手もそうしていますよね。体重移動が大きくなって飛距離がアップすると思っています。左足を踏み出す勢いを使って、思い切りクラブを振るようにしています。思い切り振ると雑念が消えてナイスショットになりますね。躊躇したスイングになるのは嫌なのです。

保元　スイングの議論でも言ったのですが、私は足を動かして、それにつれて手を動かすようにしています。歩いたり走ったりすると、自然に手を振りますよね。なので、フットワーク重視でスイングしています。マスターズに日本人として初めて出場し、外国人選手と飛距離で渡り合った戸田藤一郎プロは「手を振れば足がついてくる」、「足を動かせば腰が動き、手が動く」とも言っています。要は足の動きと体の動き、手の動きは連動しているということですよね。私は足を動かして手を動かすので、バックスイングでは左足をヒールアップして体を捻るようにしています。バネを巻いて一気に戻す感覚で打っています。

尾林プロ　私は、バックスイングでヒールアップしています。若い頃は考えずとも飛んでいたのですが、肩を痛めて飛距離が落ちてからは、バックスイングで上体の捩り上げを大きくして、できるだけ飛距離を稼ぐようにしています。スエーしてはミート率が下がるので元も子もありませんが、膝の位置が動かなければ大丈夫です。バックスイングでは右膝が右に動かないこと、ダウンスイングでは左膝が左に動かないこと。**膝は左右に動かすことなく、その位置で回転しなければいけない。**アドレスで膝にゆとりがあれば回転することができるので、大丈夫です。

五十嵐　ハーヴィー・ペニックさんは「シニアになったら左足をヒールアップして体を回しなさい」と言っています。歳を取ると体が硬くなるので、それを補う方法としてアドバイスしているわけですね。「恐れずに足を動かしなさい」とも言っています。そのためには頭を動かさないこと。「頭さえ動かさなければ、フットワークは大胆に行ってもいい」と言っています。バックスイングでも、ダウンスイングにおいてもです。私はシニアになって飛距離が落ちてきたので、足を使おうかなと思っています。あまり意識せずに足を動かして手を動かす、保元さんが言われた戸田藤一郎プロの言葉を見習いたいです。

――クラブフィッティングが浸透してきたこともあって、多くのゴルファーが飛ばしの三要素の知識を得るようになりました。ヘッドスピード、ミート率、適正なスピン量の三要素が大事だということです。運動エネルギーはmv^2に比例しますので、速度は二乗で効いてきます。つまりはヘッドスピードを上げることが最も飛距離を伸ばすことになります。ですので、簡単にヘッドスピードアップが手に入るということで、長尺クラブが持てはやされたわけですが、ミート率を下げてしまうことにもなっていると思います。

倉本昌弘プロは、安易なヘッドスピードアップに警鐘を鳴らしています。「アベレージゴルファーがヘッドスピードを上げようとして長尺クラブを使ったり、手を速く振ろうとしたりするが、それはスイングリズムを壊してミスショットを増やすだけだ」と。「ヘッドスピードを上げることより、クラブを短く握ってミート率を高めたほうが飛距離は簡単に伸びる。なぜならミスが減って、平均飛距離がアップするからです」と言っています。この平均飛距離がアップするというところがミソです。1発だけ飛んでもゴルフでは意味がないということなのです。つまり、ホームランを狙って三振ばかりしていてはスコアにならない。平均飛距離がアップしてこそスコアも良くなる、と倉本プロは言っているわけです。

確かに倉本プロのスイングを見ると、グリップエンドをかなり余らせて握っています。そうしてツアー通算30勝の永久シード選手になった。最近では、今平周吾プロがかなり短く握って、正確なショットを放ち続けて賞金王になりました。

飛距離は確かにゴルフの醍醐味です。しかし、1発の飛距離にとらわれていては、スコアアップは望めません。**「飛距離とは平均飛距離のアップと知れ」**。それは正確さをもっての飛距離ということになります。最初に提言した、「ショットとは目標に飛ばせる打球である」ということ。これを肝に銘じたいと思います。

第４回［アプローチ］

アンダーハンドのイメージで転がせば、自然にピンに寄る

発言者

■指導者

・久富章嗣先生（72歳）元日本大学ゴルフ部主将。ゴルフ向学研究所所長

・尾林弘太郎プロ（61歳）後藤修氏の下で研鑽を積む。「ロジカルゴルフ」提唱者

■アマチュア

①ゴルフ歴②平均スコア・HD（ベストスコア）③年間ラウンド数④ドライバー飛距離

・五十嵐龍吾（66歳・男性）①35年②95・HD18（78）③10回④210y

・池田三夫（66歳・男性）①23年②平均95・HD26③30回④210y

・面樽太志（66歳・男性）①30年②90・HD18③50回④220y

・加賀春之輔（74歳・男性）①15年②95（87）③30回④200y

・鎌倉太一（64歳・男性）①10年②98（87）③40回④220y

・京橋一蔵（63歳・男性）①35年②95・HD18（80）③65回④210y

・向山 健（66歳・男性）①40年②95③15回④200y

・山頭鉄太（83歳・男性）①48年②100③20回④200y

・昇田球一（82歳・男性）①50年②90（73）③30回④160y

・中田孝一（74歳・男性）①40年②105（90）③30回④190y

・半藤大人（66歳・男性）①19年②84・HD9③100回④230y

――第4回はアプローチショットです。海外で外国人とゴルフをしたり、PGAツアーの番組を英語で観ていたりする人ならわかっていると思いますが、海外では、アプローチショットはグリーンを狙うショットのことを言います。つまり、200ヤードのアプローチショットもあります。日本の「寄せ」に該当する言葉は、「チップ」と「ピッチ」です。「チップ」は「チッピング」とも言い、転がしの寄せのことです。日本では「ランニング」と言ったりします。「ピッチ」や「ピッチング」は上げて寄せることで、「ピッチエンドラン」は上げて転がす寄せとなります。

そうしたアプローチですが、スコアメイクの鍵になる大事なショットです。なぜならグリーンを外してもアプローチが良ければパーが拾えたりすることで、スコアが縮まるからです。しかし、「その大事なアプローチをしっかり練習するゴルファーが少ない」と偉大なゴルフ教師、ハーヴィー・ペニック先生は言っています。

先生は**「練習の90%をショートゲームに費やし、2週間続ければスコアが5つ縮まる」**と保証しています。また、「チッピングができる状況であれば、アイアンで転がしなさい」とアドバイスします。その理由は「フイが悪くてもミスなく打てる。ロフトが少ないので方向性が良い。チップインの確率が高くなる」からです。「ピッチングはチッピングができない状況の時だけ行う。バンカー越えやラフからなど」というわけです。

久富先生　私も、生徒にはアプローチでは圧倒的に転がしを選択させます。多くのゴルファーはプロのプレーを見ているためにサンドウェッジで上げることばかりやっていて、私が7番アイアンで転がしなさいと言うと怪訝な顔をします。しかし、やってみれば、簡単にグリーンに乗せられるので、それがわかって驚きますね。

多くのアマチュアがサンドウェッジを使ってトップしてグリーンオーバー、ザックリでグリーンに届かない、それも連続でやってダボやトリプルを叩くのを見てきました。せっかくグリーンそばまで2打できているのに、そこから4打、5打とかかってしまう。

だからこそ、**アプローチはアイアンでの転がし**なのです。転がしを選択するだけで、すぐに5打は縮まります。練習しなくとも、パターのように打てばいいだけなのです。ボビー・ジョーンズも自分が製作したゴルフレッスン映画で、生徒をグリーン周りに座らせて、7番アイアンでチッピングを行ってピンに寄せています。

五十嵐　その映画は『ハウ・アイ・プレー・ゴルフ（How I play golf）』ですよね。ボビー・ジョーンズが引退してから作ったもので、ハリウッドの俳優が出演しているコント混じりの楽しいレッスン映画。私はビデオで見ました。ジョーンズがブラッシー（2番ウッド）で230ヤード先のピンをドローボールで捉えてしまうのには驚きました。もちろん、アプローチもアイアンで転がした光景は目から鱗が落ちました。

昇田　アプローチでミスして90が切れなかった時、久富先生は「サンドウェッジなど使うから、何年経っても寄せることができないんだ。プロは猛練習を積んでいるからこそサンドウェッジが扱える。それほど難しいクラブです」と言われて、「7番アイアンでパターのように打てばいい」とアドバイスしてくれました。実際にやってみたら、パターのように打つのなら打ち損じはないと安心できるのか、本当にミスが少なく簡単にグリーンに乗せることができました。これまで、どれほど難しいことをやろうとしていたのかと気づきました。

久富先生　そうでしたね（笑）。しかし、パターのように打てと言っても、7番アイアンでは違和感を持つ生徒もいます。そうした生徒には敢えて「五角形打法」と名付けた打ち方を教えます。7番アイアンを長めに持って、体の近くにボールを置いてクラブを吊すように構えます。肘が曲がって両肩と両腕で五角形になります。こうしてヘッドのトールを浮かせてトウでコツンと打つのです。ややトップ気味ですが、芯を外して弱く当たるので飛びすぎず、ダフリは一切ない。グリーンの外からでも転がして乗せることができます。

五十嵐　私も久富先生からこの「五角形打法」を教わりましたが、アイアンだけでなく、ショートウッドやユーティリティでも上手く寄せられるのには驚きました。特にセミラフでうんと効果を発揮します。ボールの手前からダフるように打てばラフからポンとボールが浮いて脱出でき、後はグリーンをコロコロと転がってピンに寄るというわけです。「五角形打法」ではないですが、ユーティリティでのアプローチは青木功プロがよくやっていますし、タイガー・ウッズはフェアウェイウッドを使って寄せたりしますよね。トッププロでさえ、悪いライの時はこうしたクラブでの寄せが安全な選択なのですね。

鎌倉　グリーンの外からコロコロと転がして、グリーンに届かせるわけですよね。芝に食われたりして距離感がつかみにくい気がしますが、大丈夫なのでしょうか？

久富先生　グリーンの外からも基本、ピンまでの距離感はグリーン上でのパターとあまり変わらないと考えればいい。ピンまで20ヤードあれば、20ヤードのパットのつもりで打てばよいのです。もちろんグリーン手前の芝が伸びていれば多少ショートしますが、オーバーするよりはよほど次のパットがやさしくなります。まあ、この転がしはあまり神経質にならず、打ち損じないで乗ればいいと考えることが大切です。ウェッジを持ってのチャックリやトップをしないのだから、それで良しと考えることです。

そうすれば、**グリーンの外もグリーンのようになるので、セカンドショットで無理にグリーンを狙う必要もなくなります。**バンカーまで届かない距離でポーンと打てばよいのです。気楽に打てるので大きなミスがない。芝がないベアグラウンドでも傾斜のライでも上手く打てます。ボギーオン狙いのゴルフとなり、簡単にボギーで上がれ、楽に90が切れるようになります。

†アイアンを使う「五角形打法」での転がし

昇田　久富先生の「五角形打法」は本当にいいです。最初はグリーン周りでコツンと打って乗せていましたが、味を占めてから多少遠いところからでも、7番アイアンでグリーンの外から転がして乗せるようになりました。こうしているうちに、グリーン前にバンカーさえなければ50ヤードでも70ヤードでも、7番でチップショットするようになりました。ときには100ヤードでも転がします。トントントンと転がってグリーンに乗ってしまいます。

五十嵐　さらにいいのは、砲台グリーンなどの上りのライでも転がし上げて乗せられることです。砲台グリーンは球を上げようとして、これまで何度失敗したかわかりません。それがスルスルと球が駆け上がって乗ってしまう。痛快なんです。しかもグリーンをオーバーして下り斜面に止まったときなど、左足下がりのライではウェッジで上げるのはすごく難しいじゃないですか。こうした時も7番や8番で転がして、簡単に乗せることができてしまうんです。

中田　私も久富先生から薫陶を受けた生徒ですが、アイアンを使った転がしは本当にミスが少なくて実戦向きだと思います。50ヤード以内は7番アイアンでコロコロと転がしています。それ以上になると力を入れないと届かなくなり、ミスが増えてしまいますので、ピッチングウェッジでピッチエンドランを行ってグリーンに乗せます。私にはこのほうが柔らかく打てて、ショットのイメージも出やすいです。アプローチでも力を入れないで打てるほうがやさしいですね。

実は、久富先生に引っかけのティショットと転がしのアプローチを教わった途端にベストスコアが出たんです。仲間たちとマレーシアのボルネオ島にゴルフ旅行に行ったときに、前半で6連続パーが出て41であがれました。これは何と言っても転がしのアプローチが良かったからだと思います。仲間たちはそんな私にびっくりでした。

加賀　私の場合は、冬の枯れた芝の時や花道からは7番アイアンで転がします。ラフからだと芝に食われて、思ったように転がらずに乗らないことも多いのです。ユーティリティを使えばいいのでしょうが、やったことがないので本番では使いにくいです。

ですので、芝が元気な時は、（ボールが）グリーンから20ヤード以内にあればファーストバウンドがグリーン面となるので転がしで寄せます。8番アイアンを使うことが多いです。20ヤード以上は、ピッチングウェッジ（PW）でピッチ&ランを行います。練習でも20ヤードから10ヤード刻みで90ヤードまで、PWを使って練習しています。こうしたやり方で最近、スコアが縮まりました。あとはパターですが、それは次回のテーマですよね。

昇田　久富先生に習った転がしのもう一つのやり方を話すのを忘れていました。それは手を離して握るスプリットハンドでの転がしです。クラブは5番アイアンでも7番アイアンでもいい。スプリットハンドで握って、竹ほうきでゴミを掃くように打つというものです。つまり、ソールを滑らせるようにしてボールを転がすわけです。アイスホッケーのように打つと言ってもいいでしょうか。すると、これまたトップやダフリといったミスはしない。ちりとりにゴミを集めるように、クラブフェースでボールを掃くわけです。カップまで遠ければ、アイスホッケーでゴールにパックを入れるようにショットする。方向性も出るし、簡単に打つことができます。

――皆さんが体験したことからもわかるように、アマチュアのアプローチは転がしに限るということですね。ボビー・ジョーンズは「チップショットは見栄えのしない小さなモノだが、一番のストローク節約者だ」と語っています。また、絶妙なアプローチで長距離ヒッターを次々に倒したポール・ラニアンは「リトル・ポイズン（小さな毒）」と呼ばれ、PGAツアーの賞金王に輝き、全米プロに二度も優勝した名選手でしたが、彼のアプローチはどこからでも転がすというもので、打ち方はまさに久富先生の「五角形打法」でした。ラニアンは**「アプローチは転がしに限る。ミスなく寄せられる」**と言っています。これをアマチュアがやらない手はないというわけです。何はなくとも転がし。これがスコアメイクの鍵だと言えそうですね。

⁂ウェッジを使って「ピッチ&ラン」で寄せる

面樽　私は5番アイアンや7番アイアンを使うのは、グリーンのカラーから寄せたいときに限ります。ピンから少し離れたところからだと、グリーンの手前からバウンドさせることになるので、芝に食われてしまって距離感が出せません。やはりファーストバウンドは、グリーン面にしたいのです。使うクラブは最も上げずに済むものを選択します。なので、

8番アイアンとか9番アイアンを使うことが多いですね。もう少し離れるとピッチングウェッジになり、さらに離れるとアプローチウェッジを使い、普通にピッチエンドランで打ちます。ボールを止めるような打ち方は難しいのでやりません。サンドウェッジもソールのバウンスに撥ね返されてしまうので使いません。

半藤　私は、アプローチはすべてピッチングウェッジでピッチ&ランを多用します。ファーストバウンドはグリーン面にします。そうでないと距離感が出ませんので。ピンが手前ならノーコックでパッティングのような小さなストロークで寄せますし、ピンが遠ければコックを使って大きく振って寄せます。10ヤード刻みで70ヤードまで練習していますので、これだけ振ればこれだけの距離になるという基本の感覚があります。本番ではこの距離感を使って、グリーンの速さに応じてプラスマイナスするという感じです。

五十嵐　私は、アプローチは振りやすい振り幅で打ちたいタイプなので、ピンまでの距離によってクラブを替えます。5番アイアンからアプローチウェッジまで何でも使いますね。打ち方はパターと同じでノーコックで行い、振り幅はいつも同じで、8時から4時です。手首を使わず一定なのでミスしません。久富先生が言われているようにパターのように打つのでとてもやさしく簡単です。コックを使うとインパクトが一定にならないので難しくなってしまいます。このやり方はプロのアプローチで、いわゆるスイングする打ち方だと思います。とすれば、私のアプローチはパッティングストロークです。コックするスイングのアプローチだと私の場合、飛びすぎてしまうことが多いので、グリーン周りでは使いません。

久富先生　使うクラブも打ち方も、自分がやさしいと思うもので行えばいいのです。ミスが少なく安心して打てて、しかも距離感が出やすいクラブを使うことです。1つのクラブで磨きをかけてもいいし、自分の振りやすい振り幅でクラブを換えて距離を打ち分けてもいい。練習や本番でトライして、自分が一番いいものを使えるようになることです。ただ、ロフトが立っているクラブはインパクトがスクエアでなくても大きくは曲がらないけれど、ロフトが寝れば寝るほど、クラブフェースの向きが変われば大きく方向が変わってしまうことは覚えておいてほしいです。

向山　私も、サンドウェッジはミスが多いので使いません。しかし、アイアンでの寄せはたくさん転がるので使いにくいというイメージがあります。そこでピッチングウェッジを使ってアプローチするのですが、方向がなかなか安定しません。自分では真っ直ぐ打っているつもりなのに、左に引っかけることも多くて寄りません。距離感は悪くないので、方向性を良くすれば、もっとワンパットが多くなってスコアが縮まるのにと思っています。

尾林プロ　ピッチングウェッジのフェース面に、垂直にティペッグを立ててみてください。セロテープで貼ってみるといいです。そうして、構えてみてください。どうですか？　ティペッグが飛球線よりも右に向いているように見えるでしょう。でも、飛球線の後ろから見れば真っ直ぐピンを向いています。ロフトがあるために、空中へは右に飛び出して、実はピンの方向に真っ直ぐだというわけです。ロフトがないクラブならば、打ち出しから低い球になるのでピンに真っ直ぐに打っていいというわけです。向山さんはピッチングウェッジを使っているために真っ直ぐ打っているつもりでも実際はフェースを被せて、左に飛んでしまうというわけです。飛び出し方向に対する目の錯覚があるわけです。

山頭　私は、100ヤード以内のウェッジのショットをよく左へ引っかけてしまいます。ピンが目の前に見えているのに、グリーンに乗せることさえできない。とてもがっかりしてしまいます。

久富先生　それは真っ直ぐ打とうとして、ダウンスイングがアウトサイドインの軌道になっているからでしょう。アベレージゴルファーにはよくあることで、ドライバーなど長いクラブはスライスになるけれども、ショートアイアンでは左に引っかけてしまう。短いパー3を引っかけて、バンカーに入れたり崖下まで落としたり、ピンチを招くのもそれが原因です。

そんな人には、私は「右耳でボールを見ろ」とアドバイスします。ダウンスイングで頭を左に回して右耳をボールに向けると、インサイドアウトに振れるようになります。ボールが右に飛び出すようで怖いですが、それで真っ直ぐに打ち出しているのです。US女子ツアーのかつての女王であったオチョアも、「右耳ボール」のスイングでした。チンフロント（あごを前に向けた）のスイングです。アプローチなどでは最初からボールに右耳を向けたチンフロントで構えてもいい。山頭さんの、左に飛ばすミスはなくなると思いますよ。

池田　私はある程度ゴルフが上達してから、突然アプローチでシャンクするようになり、そのトラウマから抜けきれずに苦しみました。理科系なものですから、いろいろ原因を分析した結果、下半身と上半身が分離した上体分離型だと思い、左手の自然なストロークをやろうと考えました。レッスンプロに聞いてみますと「クラブはサンドウェッジだけで練習せよ」というので、これに従って腕の振り幅と体の使い方を変えて距離を変えるようにしました。

20～70ヤードまでは、左手主体の体を捻転するスイングであることは変わりません。違うのは、20ヤードは肩だけのスイング、30ヤードはこれに加えて腹筋を少し使う、50ヤードはさらに胸筋と背筋も使って打つというものです。これを練習することでシャンクのトラウマが解消されました。つまり、理性的にスイングを行うことで、感情をコントロールできたというわけです。

面樽　私は深いラフに苦しみました。それも逆目の時は最悪です。強すぎたり、弱すぎたり。ピンまで10ヤードを打とうとして1ヤードしか飛ばすに何度も打ったこともあります。それ以来、夏のグリーンオーバーは絶対にダメだと言い聞かせています。

久富先生　難しいライほど、寄せようとは考えない。乗れば御の字なのです。そして、深いラフではサンドウェッジを使うことです。バンカーショットの要領でボールの手前から芝ごとエクスプロージョンショットを行う。こうすれば不思議と簡単に脱出できます。深いラフでのアプローチはバンカーに入ったと思えばよいのです。バンカーショットのようにふわっと上がってコロコロっと転がって、上手く行けばチップインです。しかめっ面などせず、笑顔でトライしてください（笑）

――皆さん、アプローチがスコアメイクの鍵であることを十分に自覚して、どうすれば高い確率でピンに寄せられるのかを考えて、しっかりと練習に取り組まれていることがよくわかりました。この際、2つのタイプに分けることができたように思います。Aタイプは1つの打ち方で、スイング幅でクラブを替えて距離を変えようとする人。Bタイプは1つのクラブで打ち方と振り幅を変えて距離を変えようとする人。そのどちらも自分が最も安心してミスなく打てるほうを選択しているということです。この場合、コックを使うか使わないかということも含まれていますが、それらはすべて久富先生もおっしゃっているように、人によって様々でよいのだと思います。

ただし、私はアプローチも自然体であるべきだと思うのです。何かを信じることも強いですが、あくまで柔軟に対応して楽しむのもゴルフであると思います。というのも、ゴルフでは芝や傾斜などライが様々で、グリーンの速さも様々、ピンまでの距離も様々、ボールからグリーンまでの距離とグリーンエッジからピンまでの距離もいろいろです。風もアゲインストもあればフォローもあり、アプローチも影響を受けます。こうした多様な状況にどう対処すればよいかと言えば、それは人間本来が持つ動物的な勘、感覚を重要視するということだと思います。

具体的にどうするかというと、**ボールの後ろに立ち、グリーンからピンまでを眺め、下**

手投げの要領でボールを転がすイメージを持つことです。ボールをポーンと放って、コロコロコロと転がってピンにぴったり寄っていくイメージを抱くのです。こうすることで弾道の高さがわかり、落とし場所も特定できます。自然に使うクラブが決まり、振り幅も決まります。こうして下手投げをしたようにスイングすればよいだけです。力はいりません。腕はデイブ・ペルツ氏が言ったように「テイク・デッド・ハンド」です。腕は死んでいてよいというわけです。

†バンカーショットは難しくない。アバウトでいいから

——では、アプローチの最後は、バンカーショットについてディスカッションしましょう。苦手な人がかなりいますよね。バンカーは入れたくない。見るのも嫌だという人が（笑）。実は樋口久子プロも中部銀次郎さんも苦手だったと言います。ショットが良すぎてバンカーにはなかなか入らない。打つ機会が少ないので上手にならなかったそうです。

面樽　私の場合は、ショットが悪くてバンカーに入れてしまいます。そして、一発では出ない。出てもグリーンまで届かない。バンカーに入った時点でダボが決定です。どうして出ないかと言えば、ダフリ過ぎるから。緊張するのか、ダウンスイングで頭が下がってし

まいます。それで、ボールのうんと手前を打ってしまうのです。最近は出そうと力が入って、腰砕けにもなってしまいます。これは練習をやってないせいだと、バンカー練習するわけですが、この時は頭も下がらず、すんなりと脱出できる。メンタルがやられていると思います。

京橋　私もバンカーが苦手です。どのように打てばいいのかわからない。だから、しょっちゅう出ません。1回で出ないと、もうパニックになってしまう。出そうとすれば、ホームランにもなってしまうし。バンカーだけで大叩きをしてしまいます。レッスンプロから「左膝に体重を乗せて体を低くして打て」と言われるのですが、それでも出ない。私、ハンデは18なのですが、バンカーは初心者。嫌になっちゃいます。

尾林プロ　お二人とも重症のようですね。バンカー恐怖症になっているのかも知れません。まずは、バンカーが苦手だという意識から緊張して体に力が入る、硬直するということがありますね。ですので、まずは強く振るのではなく、ゆっくりと大きく振ってみてください。インパクトで止めず、フォローまで振り抜いてください。大きく振っても、砂を打つのでボールは飛びません。また、バンカーは地面よりも低いので、どうしてもグリーンに打ち上げようと、すくい打ちになっているのかもしれません。なので、打っている間は胸を下に向けたままにしてください。ボールはロフトのあるサンドウェッジが高く上げてくれますので心配いりません。こうして成功体験を積んで、どうして出たかを体に覚えさせてください。

五十嵐　私の妻はかつてバンカーが苦手で、5回も6回も叩いていました。ピンが近いので思い切って打てなかったのです。倉本昌弘プロは、**「バンカーショットはピンまでの距離の3倍打ちなさい」**と言っています。砂の抵抗でそれだけ距離が落ちるというわけです。なので、ピンまで20ヤードだとしたら60ヤード打たなければいけない。女性用のサンドウェッジは軽めなのであまり飛びません。ピッチングウェッジを使ったり、重めのサンドウェッジを使ったりしたほうがいいかもしれない。私の妻は、バウンスの厚い特別なサンドウェッジを購入したら簡単に出るようになって自信を付けました。尾林プロが言うように、成功体験を身につけると、もう出ないということがなくなりました。

加賀　私がバンカーは苦手だと言いましたら、久富先生のラウンドレッスンで、バンカー縛りというのをさせられました。そのラウンドでは、グリーンを狙わずにバンカーを狙うわけです。でも不思議なものでして、そういうときはバンカーに入らずにグリーンを捉えてしまったりするんです。ところが、せっかくオンしたボールを久富先生はバンカーに放り投げてしまいます。参ったなあというわけですが、そうして毎ホール、バンカーショットをするうちに、自然と出るようになりました。一度、出すことを覚えると、バンカーショットはアプローチなんかより全然やさしい。なにせ、我々素人はダフルのは得意ですから。自信を持ってダフってバンカー脱出です（笑）。

久富先生　プロでも、グリーン周りのラフが深いときは敢えてバンカーに入れると言います。セカンドショットを打って「（バンカーに）入れー！」と叫んだプロがいたくらいです。マスターズと全米プロに優勝したジャック・バーク・ジュニアは「バンカーショットはボールを打たないからやさしい」と言っています。要はバンカーに慣れていないのが上手くいかない原因です。だから、スコアを付けずにバンカー縛りをやってみるとよい。日本はプレーフィが高いのでなかなかできないかも知れませんが、トライして面白がることが肝心なのです。

また、何度打ってもバンカーから出ない人には「スコップ打法」と言って、サンドウェッジのフェースを被せて打たせます。フェースをオープンにするのがセオリーだと言いますが、オープンにするから前に飛ばなくなる。クローズフェースにして、スコップで砂をすくい取るように打てば、とにかく前に飛んで脱出できます。ただし、グリーンオーバーすることもあるので、それは頭に入れておいてほしいですが。

――バンカーショットは、どうやって苦手意識を払拭するかにかかっているようですね。

バンカーが苦手だった中部さんは「バンカーショットが難しいのはオープンフェース、オープンスタンスなど、普段とは違うことをやるからだ」と言い、「だから私はスクエアスタンス、スクエアフェースでバンカーショットをしていた」と言っています。ジーン・サラゼンがサンドウェッジを作ってからはクラブがボールを上げてくれるから、敢えてオープンフェースにしなくてもいいというわけでしょう。

また、**バンカーショットの法則として、キャリーとランを合計した距離は変わらない**というものがあります。つまり、砂を薄くとってスピンがかかるとキャリーは出るけどランは出ない、その逆に砂を多くとればキャリーは出ないけれどランは出る。そのトータルの距離は同じだというわけです。つまり、ボールの後ろ何cm手前とか砂を薄く取ろうとかシビアに考える必要はなく、ボールの後ろをアバウトに打てばいいというわけです。アバウトに打っても距離は変わらないと。だから、バンカーショットはやさしいとも言えるわけです。

とはいえ、私が知るところでは、サンドウェッジを替えただけで上手く出るようになったという人も多いです。いろいろなサンドウェッジを借りて試すのも良い方法だと思います。ソールの薄い上級者用のサンドウェッジもありますが、そうでなくソールの厚い脱出しやすいものもあります。

最後にハーヴィー・ペニック先生の格言をお伝えしましょう。

「バンカーショットは難しいショットではありません」

第5回［パット］

カップインするイメージに集中してストロークする

発言者

■指導者

・久富章嗣先生（72歳）元日本大学ゴルフ部主将。ゴルフ向学研究所所長
・尾林弘太郎プロ（61歳）後藤修氏の下で研鑽を積む。「ロジカルゴルフ」提唱者
・南田陽平プロ（36歳）ＰＧＡティーチングプロＡ級。ＩＴＰ認定ゴルフコーチ

■アマチュア

①ゴルフ歴②平均スコア・ＨＤ（ベストスコア）③年間ラウンド数④ドライバー飛距離

・五十嵐龍吾（66歳・男性）①35年②95・ＨＤ18（78）③10回④210y
・池田三夫（66歳・男性）①23年②95・ＨＤ26③30回④210y
・面樽太志（66歳・男性）①30年②90・ＨＤ18③50回④220y
・加賀春之輔（74歳・男性）①15年②95（87）③30回④200y
・下田洋子（63歳・女性）①20年②98・ＨＤ22③30回④180y
・高田百利（16歳・女性）①6年②75（68）③50回④230y
・野方よん（65歳・男性）①53年②88・ＨＤ12（68）③25回④220y
・半藤大人（66歳・男性）①19年②84・ＨＤ9③100回④230y
・保元　勉（70歳・男性）①30年②84・ＨＤ9③30回④200y

——この教室も、5回目となりました。今回は「パッティング」をテーマに議論していただこうと思います。パットが良ければスコアが良くなることは頭でわかっていても練習する人は少ない。ショットを打つほうが楽しいからだと言いますが、スコアが悪かったときにショットが悪かったからだと思う人が多いからかもしれません。実際にはショットはそこそこであっても、パットが良ければ良いスコアになることが多いのです。

倉本昌弘プロは言います。「ショットが良いからといって、必ずしも良いスコアにはならない」。そして**「スコアを縮められるのはパットだけだ」**と。なぜなら「1ラウンドを普通にプレーするとして、ドライバーは14回、アイアンは22回は打たなければならず、アプローチだってやらなければならない。ショットは増える一方です。しかしパットは入りさえすれば、確実に打数を縮められます」。まさにパットはスコアに直結するのです。

日本アマに優勝しているトップアマ、内藤正幸氏はアプローチとパターの名手でパット数が1ラウンド20などということもあります。「アベレージゴルファーでも、パット数は少しの努力で大幅に縮まる。スコアカードにしっかりと毎ホール、パット数を記入して、最低でも32パットにすることです」。内藤氏に言わせれば、「パーオン率が低くアプローチの多いアマチュアは、パット数を大幅に縮めることはプロよりも遥かに可能だ」と断言します。

このように我々アマチュアにとっても、パットはスコアメイクに最も重要なもの。皆さんはどのような認識でしょうか？

野方　確かに言われた通りだと思います。例えば女子プロの平均パット数を見ると1ラウンド28～30です。70％以上パーオンしていてのパット数です。グリーンに30％も乗らない我々アベレージゴルファーであれば、内藤さんが言われるように、アプローチで寄せて32パット以下にしなければならないでしょう。そして、仮にそれができていたら、私の場合、限りなく80台であがれています。そのことは手元のスコアカードを見ればすぐにわかります。

五十嵐　本当にそうですよね。ゴルフをやり始めた頃は、パット数は36でいいと思っていました。しかしそれでは100切りもできない。ところがパットが良くて30パットだったりすると、ショットが悪くても90台になります。ショットも良ければ80台であがれます。スコアを叩くも縮めるのもパット数が決める、というのは本当だと実感します。

面樽　私はパットが苦手で、パット数が36どころか40以上になることもあります。ゴルフを40年以上もやっているのに初心者に戻っています。いや、始めた頃のほうが上手かったかもしれない。今のハンデは18ですが、パットが上手ければシングルハンデにも近づけると思うのです。が、パットだけはまったく上達しません。毎日100回、パターマットで練習しているにもかかわらずです。

半藤　私はパット練習で、ゴルフで奨学金を得て大学に行き、NASAで宇宙開発に携わった科学者、デイブ・ペルツ氏の理論を実践しています。ペルツ氏は**パットは17インチ、43cmオーバーの強さが最も入る**と分析しています。私はそれを信じて練習グリーンで43cmの長さの紐を付けた2本のティを離して刺し、その間に止まるようにパット練習していま す。それでもなかなか上手くならないため、最近はアメリカで開発された「ウェルパット」という画期的な練習用マットを購入して、それで毎日練習しています。いろいろな方向から打てるし、18ホールのシミュレーションゲームもできるので、楽しみながらパットできます。

面樽　「ウェルマット」はゴルフ雑誌で見ました。ジョーダン・スピースのコーチであるキャメロン・マコーミックが開発を手伝ったとか。スピースがこのコーチのアドバイスでカップを見ながらパットするのを知って、私も取り入れてやっています。野球のピッチャーのように的を見てやれるのは、緊張で手が動かなくなるということがなくよかったです。

しかし、ボールを見ないで打つ分、芯にヒットしないこともあって、今ではやめてしまいました。でも、彼の作ったパターマットならいいかもしれない。さっそくそれで練習してみたいと思います。

久富先生 パットは入るか入らないかのどっちかです。丁か半か。だからギャンブルみたいなものですし、要はゲーム、遊びなんです。だから、パットは大人よりも子供のほうが上手い。子供は入るか入らないかと無邪気にパットする。それも入れたいから思い切ってボールを転がすでしょう。カップだけを目がけて打つから、強くはあっても届かないなんてことはない。だから、入ってしまうんです。

それに比べて大人になってからのパットは、入れようとして余計なことを考える。スタンスの向きやストロークの方向や目線など、実にたくさんのことをチェックします。そのうち、肝心のカップに目がけて打つということが疎かになる。それもオーバーしたら3パットになるかも知れないとか、そんなことまで考えるから打てなくなる。ボールがカップまで届かなければ絶対に入りません。入れたいと思いながら絶対に入らないパットを行う。馬鹿げていますよね。

とにかく、カップを目がけてポーンと打ってやる。これがパットを行ううえで最も大切なことです。それを忘れて入れたいと思うのは本末転倒、神様だってできないことです。

――「パットは子供のように無邪気に行う」。これは格言になりますね。丸山茂樹プロがUSツアーに挑戦していた頃、ロサンゼルスのリビエラCCの練習グリーンで10歳になる息子のショーン君とパットを行っていたのですが、彼のほうが上手なんですね。ポンポンとカップに入れてしまう。丸山プロが「ショーンのように入ればなあ」とつぶやいていたのが、今も記憶に残っています。

子供のように無邪気にパットするとは、無心になってプレーするということですよね。余計なことは一切考えずに、入れることだけを考えてパットする。この無心が大人になってからは難しい。入ればバーディが取れる、勝利が手に入る、外したら負けてしまう、ダブルボギーになるなど、欲と不安の邪心満載になってしまうのです。

ではどうすれば、大人になっても無心でパットすることができるのでしょうか？

†無意識にパッティングを行う

池田 デイブ・ストックトンというアメリカのプロは、パットを無意識で行うことを説いています。彼はパッティングに優れていて、全米プロで2勝を挙げ、72年には連続950

ホールも3パットをしなかった。多くのプロが彼のパットの秘訣を探ろうと見に行き、その一人、ショーン・オヘアは「信じられないほどリラックスしている。いとも簡単にパットを沈めてしまう」と驚嘆しています。これに対してストックトンは「リラックスしているとは無意識にパッティングしているということ。自分の名前を書くようにね」と言っています。実際にパットに悩んでいたフィル・ミケルソンに**「何も意識せず、最初に自分の名前を書いたようにパッティングすればよい」**と教えて自信を与え、マスターズで勝たせました。

五十嵐　ストックトンの著書を読んだことがあります。「テクニックやメカニズムは考えない。自分がやりやすいように自分の感性に従って自然に打つ。動物的な人間の本能のままに打てばいい」と言っていますよね。感性を研ぎ澄ませてラインを読み、そのライン上をボールが転がってカップインするイメージを持って打てば入ると。たとえ外れても入りそうなパットになり、距離がぴったりなので3パットはしないと。手の動きやヘッドの動きなどストロークのことは一切考えず、本能のまま自然に打てというわけです。実際、上手くパットできた時を振り返ると、余計なことは何も考えずに打てていたと思うんです。でも、それをやろうとすると、もう意識しているわけで、なかなかできません（笑）。

下田　私は、目を瞑ってパットを練習しています。目を瞑ると感覚が鋭くなっていろいろなことがわかります。上手く手が動いたか、頭は動いていないか、背骨を軸に肩が回っていたか、尻は動かずに打てているか、インパクトの音もわかるので、いい音がしたかどうかもわかります。結果を気にしないので、スムーズにストロークできます。そのうちボールが転がってカップインするまでをイメージできるようになります。そうなると本当にカップインします。目を開けてパットするときにもこの感覚があれば、上手くパットができます。私はパットが上手だと言われますが、こうした練習が大きいと思います。本当はアプローチやショットでも目を瞑って練習すればいいと思うのですが、ミスして人に当たったらどうしようとちょっと怖くてできませんが、広い所でやってみたいですね。

面樽　意識と無意識。パットではそのことをいつも考えます。ブルース・リーが「ドント・シンク、フィール」と言いましたが、まさにそれだと思うんです。「考えるな、感じろ」と。そのためには自分が読んだラインに集中することだと思います。これまで歩測をしたり、ボールマークをラインに合わせたり、ヘッドをアッパーブローにしたりと、距離や方向、転がりを良くしようといろいろやってきましたが、どれも一時はいいけれど、上手く行かなくなる。それは上手くやろうと意識してしまうからだと思うのです。

野方　その通りだと思います。ラインを読んで、そのラインに転がすことだけに集中する。そうすると雑念が消えます。ラインに転がして入らなければ読みが悪かった、ラインに転がせなければ下手だったで、終わりにします。後悔しないし、考えたりしない。上手く打てなかったことを考えるのは、ラウンドが終わってからにしよう。悪かったところを直すのは練習グリーンでやろうと決心しました。未熟でまだまだですが、「ラインに集中」と言い聞かせています。

南田プロ　私の生徒の中にも自分のミスで考え込んでしまい、悪い方向に向かってしまう人がいます。例えば、パットをいつも右に押し出してしまうのは右に向いているからだと誰かから言われて、体の向きばかり気になって打てなくなってしまうというようなことです。スタンス向きはスクエアなのに、体はカップを向いてしまう。

高田　あ、それって、私のことです（笑）。高校のゴルフ部に所属していてプロになれたらいいなあと思ってがんばってます。

南田プロ　そうでしたね（笑）。これはよくあるミスです。大事なのは、体の向きだけが問題とは言えないということです。というのも、実際はスタンスや体はどこを向いていても、フェース面がカップに向いて打てればカップに向かってボールは転がります。しかし、高田さんの場合、外れる不安から打てなくなって、バックスイングばかり大きくなってフォローが出ないストロークになっています。となれば距離がマチマチになる。方向も距離も悪くなってしまいます。遂にはカップに向かって打つことさえ忘れてしまうのです。

ですから、**体の向きのことなど一切忘れて、ラインを読んで、そのラインに打つことだけに集中する。**それもカップインまでのボールスピードをイメージする。パターを持たず、右手を振って入るまでの転がりを感じるわけです。右手で感じた振りのまま打てばいいのです。するのはそれだけ。シンプルにすることが最も大事なのです。

面樽　それでもスムーズにストロークできなくなるときは、どうしたらいいでしょうか。素振りでできても、いざ打つとなると素振り通りにできないのです。

池田　ストックトンは、ラインを決めたらイメージが消えないうちにさっさと打ちなさいと言っています。だから、素振りはしないと。宮里藍プロや松山英樹プロも実践していましたよね。構えたら、フォワードプレスしてその反動でバックスイングする。こうすると「スムーズにストロークできる」とストックトンは言っています。また、「ボールは打つのではなく転がせ」と。ボールスピードはボールがコロコロと転がるイメージだと。さらにボールに順回転を与えようとフォローでヘッドを持ち上げる動作はしない。ヘッドは低く出して、フェースにボールが長く接触するようにする。そのほうがよほど転がりが良くなると言っています。やってみるとわかりますが、その通りですよね。

尾林プロ　パットで最も大切なのは転がりです。転がりが良ければカップに向かう直進性が増します。曲がるラインで大きく膨らませて打つ必要がなくなります。浅く狙えるのでカップインの確率が高くなる。よくスライスラインなどでボールが大きく切れて垂れてしまう情けないパットがありますが、そうしたことがなくなります。ストレートなラインならばカップに合わせたボールの線がよれずに真っ直ぐ転がる。そうしたパットになるように練習することが大事です。バックスイングが大きくてインパクトで止めてしまうようなパットは転がりが悪い。逆にバックスイングが小さくてフォローの出るパッティングのほうが転がりは良くなります。転がりの良いボールで短い距離をきっちり打てることも大事です。

†1mのパットを確実に沈める方法

――パットの名手の藤田寛之プロは、2mの僅かなスライスラインを練習グリーンで探して100球くらい練習します。なぜ真っ直ぐなラインではないのか。話を聞くと「僅かなスライスラインは、転がりの良いボールなら切れずにカップインする、悪ければ切れて入らないからだ」そうです。転がりの良いボールが打てるようにしっかり練習する。「パターの芯で打ち、スクエアインパクトに徹し、フォローをカップに向けて出す」。そう言っていました。

久富先生　私が生徒さんにしてもらうパットの練習法として、カップに向けてパターフェースをセットしたら、バックスイングせず、そのまま真っ直ぐ押し出すように打たせるというものがあります。こうすると1mがほぼ完璧に入ります。とはいえ、ルール上、これはできませんので、バックスイングはしなければいけませんが、**小さなバックスイングで長いフォローがいい**ということです。インパクトでスクエアに当たりやすくなり、転がりも良くなります。このことは2m、3m、5mと距離が長くなっても同様で、小さなバックスイングからフォローを出して打ちます。フォローは低いまま。ボールがフェースに長く接触して転がりの良いものになります。ショートパットに悩んでいる人はぜひやってみてほしいです。

加賀　私は、ショートパットがとにかく入りません。押し出しているのか右に外してしまいます。それだけはしないぞと思えば今度は左に引っかけて外します。まったく上手く行きません。YouTubeでショートパットのレッスンを見たりすると、あるプロは「何も考えずにパチンと打て。そうすれば真っ直ぐ行く」と言うのですが、そうは簡単には行きません。1・5mが入ればスコアはうんと良くなると思うのですが、どうしたもんやら。

保元　パットで気をつけているのは目の位置です。ボールの真上に左目が来るようにしています。そして両目のラインを飛球線と平行にします。こうするとボールを真っ直ぐ打ち出すことができます。頭が手前にあると錯覚して右に打ち出しやすくなります。また、右目でボールを見ると頭が傾げてラインが狂います。体が開いて左に引っかけることが多くなる。また、普通の順手のグリップだと右肩が前に出やすいので体が開きます。ショットの時にもおきるので、右肘を曲げて両肩を並行にしたり、クロスハンドにしたりすると右肩が出ないのでショートパットのミスが出にくくなります。細かいことになりますが、加賀さんにお勧めします。

半藤　私も1・5mが入りません。自分ではわかっていなかったのですが、人に言わせるとルックアップしているらしいです。短いパットはどうしてもカップが目に入るでしょう。だから打った途端、ボールが入るか見たくなるのだと思います。でも、ルックアップして頭が上がっては入るものも入りませんよね。

面樽　私も、大事なショートパットの時にルックアップしてしまいます。短いバーディパットは胸がドキドキして、打った途端にカップを見てしまう。これを入れたらパーになる、これを外したらボギーになるという1ｍのパットもよく外します。それで周りのゴルフ友達から笑われるのですが、恥ずかしいやら悔しいやら頭に来るやら（笑）。

野方　岡本綾子プロは**「ルックアップの数がハンデの数」**と言います。それほど、アマチュアはルックアップしてしまうということでしょう。ドライバーショットでもルックアップすればチョロになるし、アプローチではトップやザックリになる。頭はボールを打った後でもボールのあるところに残しておかなければならないですよね。パットは「耳で聞け」と言います。スコットランドの諺でしたっけ。カップインの音を左耳で聞けと。とすれば頭は上がらなくなりますよね。

久富先生　ショートパットほど強く打ちたいですよね。青木功プロは「曲がる前に入れてしまえ」と言います。上りの1ｍなら「向こうの壁に跳ね上がるように打て」と言いますし、バイロン・ネルソンは「奥の土手に当てろ」と言います。大事なのは外すことを怖がらないこと。勇気を持って1ｍをしっかり打つ。必ず入ると言い聞かせて打つけれども、外れたらがっかりせずに次のパットをしっかり打つ。というのも1ｍのパットはプロでも外す距離だからです。

半藤　これもデイブ・ペルツ氏の受け売りですが、１ｍのパットをプロは90％入れるそうです。でも10回に１回は外すわけですよね。この１ｍはアマチュアではシングルハンデの人は80％の成功率で、ハンデ20のアマチュアは70％です。つまり、10回に３回は外すわけです。そう思えば、１ｍを外してもがっかりすることはない。笑われたっていいんです。そのうち笑った人も１ｍを外すと思えばいい。短く見えても絶対に入るとは限らないということですね。ただし、そうしたアマチュアでも40㎝は95％入れるそうです。となれば、40㎝オーバーしても返しのパットはほぼ入ることになります。ちなみにツアープロでも２ｍは50％、５ｍになれば１パットの確率は20％と落ちてしまうそうです。

尾林プロ　そうなると、やはりアベレージゴルファーは１ｍの確率をまず上げることが大事になりますね。ツアープロはカップの周囲１ｍのところにぐるりとボールを置いてパット練習をします。例えば８個のボールを置くとすれば、真っ直ぐの上りは入れやすいが、右や左に曲がるラインや下りになると１ｍであっても難しくなる。しかし、この８個をしっかり沈められるようになれば、１ｍのパットに対してすごく自信を持つことができます。

加賀　いい練習法をお聞きできました。カップ周りの１ｍの８個を入れる。この８個が入るようになれば1mに自信が持てそうです。1mが必ず入ると思えれば、たとえこれを外しても次のパットをしっかり沈められますよね。これでパット数が確実に縮まると思います。目標の32パットにできれば90が切れ、さらに30パット以下になればシングルハンデが見えてきますね。ラウンド前はもちろん、プレー後も「ぐるり1m」を練習したいと思います。

――パットの議論、有意義でしたね。パットで大切なことは、デイブ・ストックトンが言うように、**無意識でパッティングできるようになる**ことですね。余計なことは一切排除して、読んだラインに集中してボールを転がしてやる。グリップには力を入れず、自然なストロークを心掛ける。バックスイングは大きくせず、フォローでボールを転がす。転がりの良いボールにすることですね。

関東グランドシニアの優勝者でパッティングの抜群に上手い方は、ミドルパットなどで、「私はカップを外さないで打つ」と言い切っていました。フックラインはカップの右縁、スライスラインは左縁がその人の限界ライン。転がりのいいパットでカップに入れ込んでしまいます。一見強く打っているように見えますが、実はボールの転がりがいいのです。

タイガー・ウッズが無敵を誇った頃のパッティングです。カップからボールに糸が引かれているかと思うようなパット。曲がるラインでも直線的に打つことができていました。「届かないパットは入らない」というオールド・トム・モリスの言葉は物理的に事実ですから、やはりしっかり打ちたい。しかも、デイブ・ペルツ氏の科学的分析で43㎝オーバーが最も入るわけですから、その強さで打てるように練習することでしょう。これはデイブ・ストックトンも実践していることです。

また、ラインを読んで打つわけですが、これは全英オープンチャンピオンのヘンリー・コットンやジョージ・ダンカン、全米オープンやマスターズに優勝したケリー・ミドルコフが同様のことを言っています。

「パットのラインは、第一印象が正しい」。ラインを変えると大概外れる、とダンカンは付け加えています。これは迷いが原因かも知れません。ラインを読むとは、ボールの後ろから傾斜を見て、カップからも見て、横からも見て、まずはどれほどの上りか下りかを把握し、次にどれほど右や左に曲がるかを把握します。これを迅速に行うことですが、順番が逆になると距離感が合わず、方向も合わなくなり、結果、入らないパットを打つ羽目になってしまいます。ラインは「縦を読んでから横を読む」が鉄則です。

ショートパットは練習を重ねて、まずは１ｍの自信を付け、１・５ｍをも入れられるようになること。こうしてボギーになるところをパーに抑え、ダボになるところをボギーで済ませるようになれれば、悪くなりそうな流れをとどめることができるというわけです。岡本綾子プロも「パットはパーセイビングパットが大事」と言っています。こうして、1ラウンドのパット数を減らすことに努力する。毎ホール、パット数をつけ、30パットを切るようになれば、自ずとシングルハンデになっているというわけです。

最後にもう一つ。中部さんは言っています。「パットは雰囲気が大切。入りそうな雰囲気を作る」と。これはラインを十分に読み、気持ちを落ち着かせ、一度カップを見て、入ると信じてしっかりと打つことです。入る雰囲気を持っている人は必ず入れてくる。そうなれば、無敵のパッティングプレーヤーになれるのです。

第6回［コース攻略］

ホール図を見て作戦を立ててから、プレーを開始する

発言者

■指導者

・久富章嗣先生（72歳）元日本大学ゴルフ部主将。ゴルフ向学研究所所長

・尾林弘太郎プロ（61歳）後藤修氏の下で研鑽を積む。「ロジカルゴルフ」提唱者

・南田陽平プロ（36歳）ＰＧＡティーチングプロＡ級。ＩＴＰ認定ゴルフコーチ

■アマチュア

①ゴルフ歴②平均スコア・ＨＤ（ベストスコア）③年間ラウンド数④ドライバー飛距離

・五十嵐龍吾（66歳・男性）①35年②95・ＨＤ18（78）③10回④２１０ｙ

・浦和　徹（56歳・男性）①30年②86・ＨＤ10③50回④２２０ｙ

・面樽太志（66歳・男性）①30年②90・ＨＤ18③50回④２２０ｙ

・鎌倉太一（64歳・男性）①10年②98（87）③40回④２２０ｙ

・高田百利（16歳・女性）①6年②75（68）③50回④２３０ｙ

・高松丸平（66歳・男性）①40年②98③30回④２３０ｙ

・野方よん（65歳・男性）①53年②88・ＨＤ12（68）③25回④２２０ｙ

・真波好男（67歳・男性）①30年②87（77）③１００回④２２０ｙ

・水乃土竜（61歳・男性）①35年②88（76）③40回④２１０ｙ

・保元　勉（70歳・男性）①30年②84・ＨＤ9③30回④２００ｙ

――今回のテーマは「コース攻略」です。ボビー・ジョーンズは「ゴルフは耳と耳の間のゲームだ」と言っています。岡本綾子プロは「ゴルフは首から上のゲーム」と表現しています。つまり、ゴルフは頭を使うゲームであり、賢くプレーできれば、良いスコアであがれるということです。がむしゃらに打てばよい、飛ばせばよいというものではないことを物語っています。

では、賢いプレーとはいかなるものでしょうか。それはプレー前にしっかりと戦略を立て、それを柔軟に実行することです。つまり、コース攻略を考えてプレーすることになります。

古来から「孫子の兵法」が尊ばれてきました。中国の諸侯たちはもちろん、武田信玄や織田信長などの日本の武将、欧州ではナポレオンが大いに参考にした戦略です。最も有名な孫子の言葉は「彼を知り己を知らば、百戦危うからず」。ゴルフにおいて、「彼」はゴルフコースとなります。つまり「コースを知り自分を知れば、常に危なげなくプレーできる」というわけです。また孫子は「戦わずして勝つ」ことを唱えていますが、ゴルフも同様です。コースとは戦わず、いつでも冷静に考え、余力を持ってプレーする。そうすれば、自ずと良いスコアになるのです。

というわけで、まずは「コースを知る」、そして「自分を知る」ということから話し合っていきましょう。

水乃　コースを知るとは、コースの情報を集めることだと思います。プレーする前にコースのホームページを見て、まずは概要を知ります。丘陵か山岳か林間か河川敷か。コースレートで難易度も調べます。東西南北を知り、コース全体における風の向きを確認します。こうしてスタートホールから最終ホールまで、各ホールのレイアウトをチェックします。長さ、狭さ、グリーンの形状、バンカーや池、ＯＢなどです。これを基に、自分なりのコース攻略ルートを想定します。

野方　どんなスポーツでも情報収集は大事ですよね。どんなコースかホールか、初めてのコースなら練習する前に少しコースを見ておくといいと思います。1番や10番はどんなホールか、ラフの芝がどれほど刈られているか、9番や18番のピンの位置も確認する。グリーンの大きさやうねっているかどうかなど、クラブハウスのレストランから確認しておいてもいい。また、ラウンドした後にスコアカードを見ながら、1番から18番まで振り返ってどんなホールだったかメモをしておく。叩いたホールなども反省しておくと、2度目のプレーで大いに役立ちます。

五十嵐　初めて回るコースは、絶対にホームページで確認します。私は90切りを目標にしているので、ボギーオンの攻略ルートを考えます。パー4やパー5ではティショットはフェアウェイの広いエリアを目標とします。ですので、ドライバーで打つとは限りません。セカンドも広い所を確認し、池やバンカーやOBには行かないようにルートを決めます。なので、ティショットはティから200ヤード前後のエリアが多く、パー4ではセカンドをグリーン手前30〜80ヤードくらいのエリアに置くことになります。こうして、ティグラウンドからグリーンセンターまで目標となる点を付け、それを線で結びます。パー3でもグリーン周りの安全なエリアを確認しておきます。それぞれ使うクラブもあらかじめ想定しておきます。

保元　それをやっておくだけで安心できますよね。事実、プレーがしやすくなると思います。ミスショットしたときは基本、ミスした所から点を付けた場所に戻す。プラス1打になりますが、予定とは異なるのですから仕方ありません。中部銀次郎さんは**「ゴルフは足し算のゲーム。引き算してはいけない」**と言っています。つまり、ミスを取り返そうと無理をしてはいけないということです。ただし、3打目が狙えそうな所まで安全に打てるのならトライすることもあります。そのあたりは柔軟に考えて、コースルートを変更して、ピンまでを再考します。頑なさも必要ですが、柔軟さも大事ですよね。

†90切りを果たしたいなら、ボギーオンゴルフを徹底する

鎌倉　私はボギーオンゴルフで80台を目指していますが、すぐにダボになります。それはきっと心のどこかにパーを取りたいという気持ちがあって、パー4でセカンドがグリーンに届くならば狙いますし、グリーンを外れてもピンを狙ってしまいます。ですからティショットは飛ばしたい。ドライバーを思い切り振っては曲げてしまい、斜面やラフに飛ばしてしまう。悪いライでもグリーンのそばまで運びたいと無理をする。アプローチも寄せたいと思えば強くてグリーンオーバー、ダボでは収まらず、7、8とかビッグイニングにもなってしまいます。**欲を捨てて、徹底してボギーオンが成功するようにコース攻略を考えないといけないない**ですね。

面樽　五十嵐さんのようにやりたいのはヤマヤマなのですが、距離があるアプローチになると乗らない可能性もあって、なるべくグリーン周りまで運びたいんです。ガードバンカーやラフにも入りますが、そこからでもボギーオンにはできると思っています。なので、ティショットがフェアウェイに飛ぶときは良いスコアが出ますが、曲がってラフや斜面に

行くと無理をしてしまう。ティショットがＯＢや池に入るとトリプル確定、それ以上も叩いてしまいます。これって鎌倉さんと似ていますよね。

久富先生　鎌倉さんや面樽さんのような方は、とても多いと思います。80台も出るけど、100も打つ。結果、平均スコアが95になってしまう。これはボギーオンのコース攻略を事前に立てていないからですね。ボギーオンと言いながら、理想のパーオンにとらわれている。パーが取れないと80台が出ないと思っているからですね。

しかし、**アベレージゴルファーの場合、80台は出すものではなくて、自然に出るもの**と考えるべきです。まずはご自分でもわかっているようにボギーオンと考えているのなら、それを徹底してやって、ボギーを取りきることです。それができるようになったらパーオンを狙うゴルフに格上げすればいいのです。

それまでは、五十嵐さんのように広い所を狙ってクラブを選択して実行する。とても賢明な攻略法です。安全ルートだからです。安全第一を旨とすれば、欲が消え、クラブ選びが明確化され、迷いなく実行できる。そうなると、たまにはアプローチがピンに寄ったり、長めのパットが入ったりしてパーが転がり込んでくる。安全運転の結果、ご褒美が来るのです。もちろん、ミスもするでしょう。しかし、ミスをしっかりと受け止め、プラス１打と認めれば気が楽になるはずで、この気持ちのゆとりがワンパットボギーにもしてくれる。結果、終わってみたら80台が出ていたということになるのです。

鎌倉　「パーは取るものでなく転がり込んでくるもの」ですね。心しておきます。そうそう、あるプロから「ミスショットを想定したコース攻略を考えなさい」と言われました。このクラブを持つとこんなミスが出やすい。こんな景観の時はこんなミスが出やすい。「自分を知る」ことで、ミスが出ても慌てなくなる。プレー前日の夜、コース図を見ながら頭の中でラウンドしてみる。シミュレーションゴルフをしておけば上手くプレーができると言われました。とはいえ、なかなかそこまでの予習ができないで当日を迎えてしまいます。しかも想定外のミスまで出てしまい、頭が真っ白になることもあります。

尾林プロ　五十嵐さんはホール図に狙う場所の点を打ち、それを線で結びつけると言われましたが、とても大事なことだと思います。松本清張ではありませんが、**ゴルフは「点と線」のゲーム**です。1打で勝負が決まるスポーツではありません。点を線で結び続けてグリーンに到着し、最後にカップに入れるスポーツです。ショットをつなげてこそ勝負に勝てるわけです。100m走ではなく400mリレーであり、マラソンではなく駅伝です。つなげていくことが大事なのです。

面樽　ショットは、打つのではなく運ぶ意識が大切ですね。ボールを運んで次に渡す。そう考えれば無謀な冒険はしなくなる。前のショットで討ち死にしてはそこでお終いです。そうなればイチかバチかではなく、安全に行こうと思えるようになります。自動車で言えば、安全運転で事故なく目的地に到着するのがベストですね。ティグラウンドから安全運転でお客さんをひとりふたりと途中で乗せて、無事にグリーンに到着させる。そういったゴルフが重要ですね。

野方　「孫子の兵法」で言えば「戦わずして勝つ」ですね。無駄な戦をしても疲れるだけ。なので、無闇にマン振りはしない。目標に打つことだけに徹する。とすれば、自ずとコントロールショットになります。スイングはいつでもフィニッシュをピタッと決められるような抑えた力加減で打つこと、これに尽きますね。

とすれば、目標の点も8割のスイングで届く距離がマックスになりますね。池やバンカー、OBも避ける。これも「孫子の兵法」の「逃げるが勝ち」になりますね。ハザードを無理して超そうとか、どうせ入るなら今のうちに入れちゃえといった考えはNG。ドライバーでOBすれば2打罰、グリーン手前の池に入れても2打罰です。バンカーや深いラフ、急斜面も1打罰になる。無謀な戦いは挑まずに、とにかく逃げる。「逃げるは恥」とは思わず、賢明な策と思うことですね。

尾林プロ　本当にその通りです。ゴルフはターゲットゲームなのですから、狙い所を計画することはそれだけでもナイスショットを呼び込みます。漠然とフェアウェイの真ん中に打っているようでは、どこに飛ぶかわかったものではありません。中部銀次郎さんは「次善を求めて最善を尽くす」と言われましたが、**今のショットは次のショットのためにある**ということです。

ゴルフは1打で勝負が決まるスポーツではありません。今のショットを打ったらお終いではないのです。必ず次のショットがある。であれば、次打を考えてどこに打つかが決まる。これはホールレイアウトを見て判断しなければいけない。打つ前にホール図を必ず見る習慣を付けることです。ホール図を見て、ティグラウンドに上がって実際の狙い場所を決めてからクラブを選ぶことです。

——多くの人はコース図も見ずに、ドライバーを手にしてティグラウンドに上がっているように思います。しかし、それは手順が逆です。狙い所を明確にしてから、そこに打てるクラブを選択して取り出す。プロはコースを見てから、キャディに使うクラブを言っているはずです。また、ティグラウンドに上がる前にはホール図でピン位置を確認しておく。

ホームページにはピン位置は載っていません。プレー当日、ピンポジションを知ることになります。ピンの位置によって、アプローチの想定場所が変わることもあるでしょう。グリーンを外しても、ボギーやパーが取りやすい場所を事前に見つけ出しておくことです。

攻略ルートを柔軟に変更するのも大事なことです。最後の最後まで「彼」を知る努力をする。そして「自分を知り」、適正なルートとクラブ選択を行うこと、これらはすべて目標となるパーやボギーを手に入れるための重要な戦略なのです。

†パー3を甘く見ない。トリプルはすぐに出る

――コース攻略の青写真の作り方がわかったところで、具体的なホール攻略を考えて行きましょう。まずはパー3、いわゆるショートホールですが、皆さんはどのように考えていますか？　得意か苦手かということでもいいと思います。

鎌倉　パー3は私の場合、得意でも不得意でもないというか、良いときと悪いときがあります。つまり、グリーンに乗ればパーが取れるのですが、グリーンに乗らないとボギー以上になる。アプローチでトップやザックリをするからです。そのミスはパー4やパー5よりも多いと思います。

それはピンに寄せたいと強く思うからですね。パー3ではパーを取りたい。初心者のときからパーが取れるのはショートホールでしたから。今では7番アイアンとユーティリティが得意なので、150ヤード前後になると乗せたくなります。だから余計に気合いが入り、外したときには悔しくて、寄せてパーを取ろうとピンを狙って失敗するわけです。連続ザックリでダボなんてこともあります。たとえ乗ってもカップから遠ければ強く打って、結果3パットしてパーが取れない。こうなると目標の90切りができなくなります。

野方　私はパー3が嫌いです。というのも会社や仲間とのゴルフでは必ずニヤピン賞がかかるからです。コンペなどではパーティで表彰されたりするじゃないですか。だから、思わずピンを狙っちゃうんですよね。気合いが入るからか、強く打ってフックボールが出る。そうなると難しいところからのアプローチになる。バンカーならまだよし、崖下やOBだってある。こうなるとダボどころか6や7にまでなる。討ち死にです。

ニヤピンでなければピンから遠いほうに打つとか手前に打つとかします。運良く乗れば嬉しいけれど、外れてもボギーにはできる。こうなれば90切りもできるのですが、討ち死にしたら後がない。最悪です。

面樽　パー3を甘く見ているわけではありませんが、刻もうとは思いません。とにかく乗せたいと思って、グリーンまで届くクラブを使います。私のホームコースは池越えの長いショートホールがあって、クリークやユーティリティを持ちますが、当たりが悪くてグリーン手前の池ポチャになることが多いです。こうなると打ち直しですから6にもなります。打ち直しが池ポチャしたら8。ショートホールのビッグイニングは取り返しがつかない。コールド負けになります。刻めればいいのですが、刻む場所もないし、頭を抱えてしまいます。

――皆さんのお話で、パー3での問題点が浮き彫りになったような気がします。まずは皆さんの目標が90切りであるということ。であれば、**ティショットでグリーンに乗せようとするのはかなりの冒険**です。パーオンの確率はハーフ1回がいいところです。となれば、長いパー3は乗らないし、大きなミスが出る可能性が高い。たとえ150ヤード前後が得意だといっても、グリーンをとらえる確率は決して多くないはず。ティショットが良ければパーが取れるので、思わず力が入る。となれば、ミスショットの確率は上がり、ひどいミスも出ることでしょう。

久富先生　その通りですね。ですから、ティショットでピッチングや9番アイアンを使ってポーンと安全なところに打ってやる。これを2回やれば200ヤード以上のパー3でも

2オンができて楽にボギーがとれます。ティショットでグリーンを狙うのは、9番アイアンなどを使う120ヤード以下にするべきです。それでも乗せたいと力めばミスをします。クラブが少しでも被れば、ロフトが寝ているだけに思わぬフックが出る。力を抜いてポーンと打つことが本当に大事になります。

グリーンまで届くクラブを使いたければ、また使わざるをえない場合は大きめのクラブを使い7割の力で打つようにしましょう。あくまでグリーンに乗せるのではなく、運良く乗ればいいと思うようにすることです。

†苦手なパー4やパー5の賢い攻め方

真波　やはりゴルフは欲との戦いですよね。私は短いパー4が苦手です。ハンデがやさしいホールで6や7を叩いてしまいます。ティショットを飛ばして、短いアイアンやウェッジでグリーンを狙いたいと思うからでしょう。思わず力が入って、どスライスを打って林の中。そこから無理してグリーンを狙ってキンコンカン。やってしまったと悔やんでも後の祭りです。

短いホールこそフェアウェイウッドで刻めばいいと思うのですが、それができない。大体、ドライバーでかっ飛ばすのが好きなので、ティショットをフェアウェイウッドで打ったことがない。やったことがないので、本番でできないわけです。

水乃　私は逆に長いミドルホールが苦手です。若い頃はスライスで240ヤードくらい飛ばしていたのですが、50代に入ってから真っ直ぐ飛ばせるようになったのに飛距離が210ヤードくらいに落ちてしまった。そうなると長いミドルホールではティショットを飛ばそうと思いますし、セカンドショットも長いクラブを持たざるをえない。

若い頃の自分が忘れられないので刻もうとは思わない。それで無理をしてボールを曲げたり、当たりが悪かったり、バンカーや池に入れたりと大叩きをしてしまいます。若い頃は67とか68も出していたのに、70台さえ出なくなってしまいました。でも、また出したいわけで、それを夢見ては崩れてしまう日々を送っています。

鎌倉　私も長いミドルホールで叩くことが多いです。どうしてもティショットで飛ばしたいと思うのでしょう。力んでチョロになることが結構あります。これをやると、挽回したいと連続チョロにもなってダボを叩きます。仮にティショットやセカンドショットが上手く打てても、40とか50ヤードのアプローチが残る。この中途半端な距離でザックリとかトップの痛いミスを犯す。ピッチングで打とうか、アプローチウェッジで打とうか、サンドで打とうかといろいろ迷うからだ思うのですが、がっくり来て大叩きになってしまうこともあります。

高松　私は狭いミドルホールが苦手です。よく行くコースに右がOBで左が崖という落し所の狭い長めの、しかも打ち下ろしのミドルホールがあるのですが、こういうときに限ってスライスを打ってOBしてしまいます。ユーティリティとかで刻めば広い所に打てるとわかっているのですが、ティショットで使ったことがないし、ドライバーで振り切ったほうが真っ直ぐ飛ぶという変な自信があるわけです。しかし、このホールでは吸い寄せられたようにどスライスを打ってしまう。仮に刻んでもボギーであがれず、ダボになるホールなんです。どうしたらいいですかね？

尾林プロ　皆さん苦手なホールがわかっていて、ミスの原因もわかっていらっしゃる。であれば、**同じミスは繰り返さない。これがゴルフの鉄則**です。刻んだほうがよいとわかっていればしっかり刻む。それも刻み慣れていなければいけない。練習の時にフェアウェイウッドをティアップで打つことをやっておけばいい。それだけで安心して刻めます。上級者は何気ない顔で刻みのクラブを持てる。上級者になりたければ、上級者を真似する。大事なことです。

また、ゴルフはミスがつきものです。シングルハンデのゴルファーでもミスを犯す。ミスは悔やむのではなく受け入れる。許容して次のショットに集中することです。また、**上級者はどんなミスが出るかを想定していて、ミスが出ても次のショットが打てるように考えています。**林に入る、池に入る、バンカーに入るなど、あらかじめ想定して、入っても慌てない。これまた何食わぬ顔で林から横に出したり、ラフから刻んだり、池の横からグリーン手前まで運びます。

浦和　私はホームコースの最終ホールが苦手です。やや右に曲がったパー4なのですが、左に林がせり出していて、持ち球のスライスだと枝にかかりやすい。そこで軽めのスライスを打とうと思うのですが、チーピンやプッシュが出て大叩きになることもあります。ドローも打てるには打てるのですが、本番では失敗することもあるので最終ホールでは使いにくい。今、ハンデ10なので何とかシングルになりたい。何としてもこの最終ホールをパーであがりたいのです。

尾林プロ　悩ましい問題ですね。最終ホールなので大叩きは取り返しがつかない。ティショットのミスは致命的です。となれば、ここでは安全にボギーをとることが重要だと考えます。それにはティショットをユーティリティで刻み、その後を5番ウッドなど長めのクラブでグリーンそばまで行ってアプローチという攻略法です。1打目が最も長い距離を打つという規則はありませんので。アプローチは得意クラブの得意距離を残し、ピンに寄せてパーの確率を上げることです。

ウォルター・ヘーゲンが言っているように「3の1でもパーはパー」です。2オンだけがパーではありません。それにセカンドショットが乗る確率はプロでも6割。となればドライバーを使ってもパーが取れるとは限らない。刻んでパーを取るルートを考えることだと思います。

高田　私はドッグレッグホールが苦手です。それも右に曲がったドッグレッグ。左の曲がり角を狙うのですが、右にプッシュすることがあります。私はドローヒッターなので右を向いて打つのですが、そのままボールが林の中に入って大トラブルになってしまうのです。目標の左を向けばもっと左に曲がることもあるので、これまた危ない。刻みたいけれど、そうすると左角まで飛ばないので、どうしてもドライバーを持つことになってしまいます。どうしたらよいでしょう？

南田プロ　ドッグレッグは「急がば回れ」が鉄則ですから、ショートカットをしようとしないところは賢い選択です。右角を狙ってそのまま林に入れるのは愚かですから。ただ、プッシュしやすいとわかっているのであれば、それが出ても林には入らないようにノドレスの方向を取ることです。

その場合、ティグラウンドの左側に立つことも大事です。右側に立って左側を狙うのは、対角線で打ちやすいと思いますが、ドローヒッターには鬼門となる場合が多い。右から風が吹いていているときなどは、なおさらです。故に、左側に立ってフェアウェイを広く使うことがベターな選択となります。山下美夢有プロなどがよくやっている方法です。

高松　私は、パー5のロングホールで大叩きすることがあります。初心者の時はロングホールで二桁になったりして100切りが達成できなかったのですが、今でもロングで叩いて80台を逃してしまいます。その原因は完全にセカンドショットにあると思います。飛距離が出るほうなので、2オンしてイーグルが取りたい。それでスプーンで思いきりボールを叩くのですが、方向が悪くてOBになったりして撃沈する。刻めばいいとわかっているけど、やめられない。1年にそうたくさんラウンドできないし、パー5でドライバーが当たれば、当然グリーンを狙うでしょう。

真波　イーグルはやはりアマチュアの夢ですよね。飛距離が出る高松さんが羨ましいです。私は飛距離が出ないほうなのでパー5は2打では届かない。ですので、セカンドは難しいスプーンは使いません。ユーティリティとかアイアンで打って3打目に打ちやすい距離を残します。よってパーかボギーではあがれます。それに、パー5は1つミスってもボギーではあがれるので心に余裕がある。それだけにティショットのドライバーも大体上手く打てます。パー5はフェアウェイも広いことが多いので。

水乃　私もロングホールは得意で、パーで計算しています。飛ばそうと思わずにドライバーでティショットを打ち、セカンドはユーティリティか5番アイアン。苦手なクラブではないし、グリーンを狙うわけではないのでプレッシャーもない。大方、3オンできるというわけです。ただし、イーグルは3打目が入るしかないので取れませんね。

久富先生　アーノルド・パーマーは「俺の辞書には刻むという文字はない」と言ったそうで、だからこそ人気があった。「ゴー・フォー・ア・ブレイク、当たって砕けろ」も彼の口癖でした。しかし、それによって勝てたメジャータイトルを逃したこともある。やはり、ストロークプレーでは1ホールの大叩きは致命傷になります。

故に高松さんは友人とのマッチプレーで負けているときなどには、イチかバチか試すのはいいと思いますが、80台を出したいと思っているのなら、無闇にグリーンを狙わず、3オンゴルフに徹することが賢明でしょう。パー5ではセカンドショットのOBは前進で打ち直すことはできないので、かなりのギャンブルです。ホール図を見て、曲がってもOBにならないかなど、リスクを事前に知っておくことが大切でしょう。

また、パー3ではティショットに不安があれば、ピンを目がけずにグリーン周りの広いエリアを狙う。転がしのアプローチでパーを取ることを第一に考えるべきでしょう。150ヤードをオンする技術はアベレージゴルファーではほとんどないと思って、攻略ルートを考えるべきです。ピッチングウェッジ2回で乗せるといったプレーも、やってみるとゴルフの世界が一つ広がると思います。**人とは違うやり方でパーを取ることを面白がってほしいです。**

パー4では苦手なホールをなくすこと。逆に苦手なホールとわかっているのであれば、敢えてボギー狙いの攻略ルートをとる。ハンデによってはダブルボギールートで正解だと思います。やはり1ホールでの大叩きは致命傷になってしまう。スコアがいいときもあれば悪いときもある。というのは、考えようによってはイチかバチかの攻め方をしていることになります。計画通りにボギーをとる。それができてから、パーの攻略法を考えるべきなのです。

――皆さん、ありがとうございました。青木功プロはホールアウトしたら「振り向いて自分の攻め方が正しかったか考える」と言っています。これは**「コースマネジメントはピンから逆算する」**という考え方を物語っています。ゴルフはティグラウンドからプレーするわけですが、目の前の景色にとらわれているとベストルートで攻めていないことが多いものです。ですから、ピンからティグラウンドへと逆算してみるのです。

となれば、グリーンオンはピンの手前2mになります。上りのストレートラインだからです。そして、ここに乗せるにはどうするか？　グリーンの30ヤード手前から転がすことにしましょう。となれば、その場所はバンカー越えの30ヤード手前ではない。転がしが最もやりやすいエリアになります。例えば花道ですね。そして、その花道に打つためのパー4ならセカンドを考えるわけです。ハザードを避けることを視野に入れれば、自ずとティショットで使うクラブが決まるというわけです。これはホール図を見ながら、グリーンから設定してみる習慣を付けるのが最善です。ぜひやってみてほしいと思います。

次回は、今回のコース攻略を上手くやるためのメンタルについて議論したいと思います。

第7回［メンタル］

煩悩を消し、無心でプレーできる自分の方法を見つけ出す

発言者

■指導者

・久富章嗣先生（72歳）元日本大学ゴルフ部主将。ゴルフ向学研究所所長

・尾林弘太郎プロ（61歳）後藤修氏の下で研鑽を積む。「ロジカルゴルフ」提唱者

・南田陽平プロ（36歳）ＰＧＡティーチングプロＡ級。ＩＴＰ認定ゴルフコーチ

■アマチュア

①ゴルフ歴②平均スコア・ＨＤ（ベストスコア）③年間ラウンド数④ドライバー飛距離

・朝倉　透（53歳・男性）①20年②95③50回④２８０ｙ

・五十嵐龍吾（66歳・男性）①35年②95・ＨＤ18（78）③10回④２１０ｙ

・面樽太志（66歳・男性）①30年②90・ＨＤ18③50回④２２０ｙ

・加賀春之輔（74歳・男性）①15年②95（87）③30回④２００ｙ

・鎌倉太一（64歳・男性）①10年②98（87）③40回④２２０ｙ

・京橋一蔵（63歳・男性）①35年②95・ＨＤ18（80）③65回④２１０ｙ

・高田百利（16歳・女性）①６年②75（68）③50回④２３０ｙ

・野方よん（65歳・男性）①53年②88・ＨＤ12（68）③25回④２２０ｙ

・水乃士竜（61歳・男性）①35年②88（76）③40回④２１０ｙ

――「ゴルフ白熱教室」も7回目となりました。今回のテーマは「メンタル」です。中部銀次郎さんは「ゴルフは心のゲームだ」と言います。全米オープン優勝者のトミー・ボルトは「心がショットを乱す」と言っています。では、その心とはいかなるものでしょうか。それは仏教で言えば「煩悩」です。「心を悩まし煩わせる心の働き」です。煩悩は108もあると言いますが、ゴルフにおいては「欲」と「不安」と「迷い」が3大煩悩でしょう。これらの煩悩を消し、捨て去ることこそが良いプレーをもたらすというわけです。

ゴルフの友人に、新潟県の寺を継いで和尚になった男がいます。なかなかの説法をしますが、ゴルフでは煩悩の塊。悟りからはかなり遠いプレーぶりで100が切れないでいます。心の迷いからミスショットを繰り返す。厳しい修行を経た僧侶でもゴルフで解脱することは、かなり難しいのかもしれません。

ゴルフは心のゲームです。**肉体や技術よりもいかに心を平静に保ち、我慢強くプレーできるか。そこに勝利や良いスコアがもたらされるわけです。**ゴルフは「緊張」することが多い。たった一人で静かな場所で周囲の視線に曝されながら、目の前のボールを打たなければならない。「欲」と「不安」と「迷い」がまぜこぜになった状態で、ナイスショットをしなければならないのです。そうしたことから、緊張しても上手く打つ方法を身につける必要がありますよね。しかし、それは、とても難しい。皆さんはどうですか？

鎌倉　本当にそう思います。馴染みのないコースで接待ゴルフをするときなど、緊張してミスショットが多くなります。上手く打ちたいという欲とよく知らないコースだという不安がまぜこぜになります。さらにドライバーだと曲がってしまう不安や、違うクラブで打とうといった迷いも生じます。ウェッジショットではダフリとトップの不安が頭をよぎります。外したくないショートパットも緊張しますね。これらが解決できればいいのですが、煩悩の塊となってなかなか上手くいきません。

面樽　私はメンタルが弱いので、コンペの朝イチのティショットが苦手です。飛ばそうとか素晴らしいショットが打ちたいとか思ってはいないのですが、やはり周囲から「下手だなあ」とは思われたくない意識が働いて緊張するのだと思います。前にさえ飛んでくれればいいですが、チョロとかしたらもう頭の中が真っ白になって、次もその次もミスしていきなりスタートホールで大叩き。その日のスコアはとてもひどいものになってしまいます。

京橋　私はバンカーショットが苦手で、バンカーに入ると一発で出ないんじゃないかと不安になり、本当に出なかったりします。それも続けて出なかったりして大叩きしてしまう。緊張して体がこわばって上手く動かないのだと思います。

加賀　パットがテーマの時に言いましたが、私は入れ頃外し頃の1mのパットが苦手で、手が動かなくなってしまいます。動かない手を無理に動かそうとするので、思わず強く打ってしまい、3パットどころか4パットにもしてしまいます。イップスなのかも知れないけれど、そうは思いたくないので、ごまかしながらやっています。でも緊張して体が硬直していることは間違いないです。

水乃　ゴルフは仲間たちと楽しくプレーする以外は、緊張を避けられないスポーツだと思うんです。ではなぜ仲間とのプレーは緊張しないかと言えば、自分の実力を友人たちが皆知っているからですよね。ですから、コンペとかで初めての人とプレーする際は自分のハンデとか、平均スコアとかを正直に明かすことにしています。人はハンデの数だけミスをするのですから、そう思ってもらえれば気持ちが楽になります。

どうしても緊張してしまう場合は、周囲も緊張していると思うことにしています。緊張を受け入れて大きく深呼吸して平静になる。深呼吸は胸の動悸を抑える働きもすると言いますね。

尾林プロ　**緊張をほぐす方法として、プロたちも行っているのが自分の緊張を実況中継することです**。例えば、「尾林、手が震えています。ドキドキしています」と小さく声に出して言うわけです。この方法は自分を客観視することになるので、緊張しているのは自分でなく他人のようになって、自分の緊張がほぐれるのです。

また、緊張は戦闘態勢に入ったと解釈するのもいいです。プレーする準備ができたと考えるわけです。そして、目標を見つめ、「絶対に上手く打てる」と自分に言い聞かせるのです。そうすると迷いが消えて目標だけに集中できる。結果、成功する確率が増えます。仮に失敗しても、次のショットのときにまた同じように「必ず上手く打てる」と言い聞かせる。そのうち緊張が消え、本当に上手く打てるようになります。ジャック・ニクラウスは「失敗を恐れないでは弱い。必ず成功させるのだという強い意志を持つこと」と言っています

†朝イチのティショットで緊張しない方法

五十嵐　ゴルフを始めた頃、朝イチのティショットでメチャクチャ緊張して、右にOBがあれば大スライスしてOBを打ち、左が崖なら引っかけて大トラブルといったことが多かったんです。そこで恥ずかしくてもいいやと、朝イチは上手く打てる7番アイアンを使っていたときがあります。好きなクラブでスタートして、さらっとボギーオンして2パット

ボギーであがる。それができたときに一歩上達したかなと思いました。

野方 私はよく言われるように、ゴルフで命までは取られないと思って朝イチのティショットを打つようにしています。それでも緊張するときは、「手の平に『人』の文字を3回書いて舐める」をやってみています。コンペなどではとても有効です。また、指圧の先生から教えてもらった、緊張をほぐすという手の平のツボを押すことも行います。手の平の中心にある「労宮《ろうきゅう》」というツボや親指の付け根と人差し指との分かれ目の「合谷《ごうこく》」というツボです。これをギューーッと押すと不思議とリラックスできます。

京橋 朝イチのティショットは緊張しますよね。上手く打てれば、その日のラウンドがスムーズにできるし、大きなミスをすれば一日中悪いプレーになってしまう。だから固くなってしまい、昔はチョロとかが多かったです。振り返ってみると打ち急ぎが多いとわかって、素振りの時から「ゆっくりゆっくり」とおまじないのように言い聞かせています。それから、朝イチのショットも上手く打てるようになりました。

朝倉 朝イチのティショットは緊張しますが、上手く打てる自分のチェックポイントを実行するようにしています。アドレスで腹筋に力を入れて体幹をスイング中維持できるようにします。右足の足首から捻ってバックスイングを開始します。右手の人差し指に重さを感じるようにクラブを上げます。こうするとゆっくりバックスイングできて早打ちを防げます。あとはヘッドアップしないこと。インパクトでボールとクラブが当たるのをしっかりと見るようにして振り抜きます。打つ前に上手く打てるかは考えない。上手く打てると信じてスイングしています。結果、ほとんどナイスショットになります。

尾林プロ　上手く打てる自分の拠り所をもつのは、大変によいことですよね。スイングの注意点でもいいし、それがおまじないであってもいいです。要は高望みをしないこと。朝イチのティショットは、当たり60点、飛距離60点、方向60点で良しとします。すべてが60点で合格。そう思って打つことです。

さらに**朝イチのショットへの緊張をなくすには、自分のプレショットルーティンに従ってショットすること**です。例えば次のような打つ前のルーティンです。

「ボールの後ろから目標を見て、そこで本気の素振りをする。アドレスに入り、目標を見て、ワッグルを行って、そのままバックスイングをスタートする」

こうした自分のルーティンを作って、いつも同じに行う。やることが同じなら、リズムやテンポも同じにします。これを行えば、すべてのことを忘れ、目標に集中できます。欲や不安や迷い、さらにはスイングのことも忘れて、ボールを打つことだけに専念できます。

このプレショットルーティンは朝イチのティショットだけでなく、あらゆるショットにおいて集中できる良い方法です。ぜひトライしてみてください。

†連続ミスをなくす方法

五十嵐　私は連続ミスをよくやってしまいます。昔は連続ＯＢをしたり、連続して池に入れたりと大きな痛手となることをやっていました。最近はフェアウェイウッドの連続トップやアイアンの連続ダフリ、アプローチでの連続ザックリがよくあります。これが出ると、すぐにダボやトリプルになってしまいます。思いもしなかったミスが出て動揺してしまい、それを消したいと思うのか、すぐに次のショットを打ちたくなってしまいます。上手な人と一緒に回ると、シングルハンデの人でも一度や二度のミスは犯します。しかし、連続ミスは決してやらない。そこが上級者と私のようなアベレージゴルファーとの違いだと思います。

野方　**連続ＯＢをするのも、すぐに打ち直してしまうからですね。**ある時、ティショットでＯＢしたら、すぐに暫定球をティアップして打ってしまった先輩がいました。案の定、連続ＯＢです。「まだ自分、打っていないのですが」と言いましたら、先輩が慌てて「申し訳ない」と謝ります。打つ前に言えばよかったのですが、先輩はかなり動揺してすぐに打ち直してしまったわけです。気持ちはわかりますが、結果は連続ミスになりやすい。全員が打ち終わった後で「暫定球」を宣言して打つのがマナーですし、それなら動揺も収まってナイスショットが打てたのではないかと思います。

朝倉　私の場合、連続ミスは迷いから生じると思います。先日のプレーでもありました。スタートホールなのですが、ティショットは自分のルーティンを行って上手く打てました。飛距離が出るほうなのでセカンドショットはピンまで打ち上げの80ヤードでした。頭の中はこれも上手く打てて悪くてもパーです。サンドウェッジのフルショットはちょうど80ヤード。ぴったりのはずが何とザックリです。しかもその後も二度もダフって5オン。パーのつもりがトリプルボギーになってしまいました。

　ピッチングウェッジのハーフショットも選択としてはありましたが、ハーフショットでミスしたら悔いが残ります。サンドウェッジのフルショットのほうが上手く打てる。そう思って打ったのですが、結果は散々。ピッチングウェッジのフルショットは自信があるのですが、難しいですね。

南田プロ　五十嵐さんの連続ミスですが、やはりすぐに打ってしまうところが問題だったと思います。ミスは上塗りしてしまいやすい。ですので、まずは**ミスしたら大きく深呼吸。**一緒の組の人たちがすでに打って前に進んでいるとどうしても焦ってしまいますよね。そこですぐに打ちたくなるわけですが、深呼吸など大した時間ではありません。まずは気持ちを落ち着かせることですね。野方さんの先輩は、他の人を先に打たせて、ペットボトルの水などの飲み物を飲むとよかったと思います。水を飲むと落ち着くことができますので。また、五十嵐さんも先輩も打つクラブを換えれば、ミスの上塗りの確率はさらに減ったと思います。

尾林プロ　朝倉さんはサンドウェッジのソルショットがベターだと選択したのであれば、ミスショットは仕方ないときっぱり忘れることが肝心だったように思います。問題があるとすれば、ミスをした原因を冷静に考えなかったことでしょう。一発目のミスの原因は打ち上げのライにあったのではないでしょうか。

グリーンが打ち上げていれば、目線が上を向く。アドレスでは右肩が下がり、平地よりもダフリやすくなります。ボール位置を右足寄りにすればよかったでしょう。打ち下ろしのショットもボール位置を右足寄りにすればダフリにくくなる。斜面のショットのセオリーを知っておくことは大事なことです。

†斜面のショットや100ヤード以内のミス

高田 私も斜面のショットが苦手です。特に前足上がりと前足下がりのショットのときにミスします。高校の部活の先輩に相談すると、**斜面の時にどんな球が出るかを知っていなければいけない**と言います。前足上がりならフックが出やすく、前足下がりならスライスになりやすい。なので、あらかじめ目標を右にとったり左にとったりする必要があるというわけです。でも、どれほど曲がるのか見当がつきません。特に前足上がりのショートアイアンはうんと左に曲がったり、前足下がりではトップしたりすることが多くてがっかりします。

南田プロ ティショットが曲がって斜面に行くことは、結構あることだと思います。そのときになるべくグリーンそばまで運んでパーを取りたいのは、普段70台で上がっている高田さんであれば当然でしょう。でもこのとき、まずは冷静にライを見てほしいのです。ラフが長ければあまり無理をせずに距離が残ってもフェアウェイに出すことを第一に考える。ラフが短くてグリーンまで届く場合はフライヤー（スピンがかからず、想定より飛びすぎること）が出る可能性が高いので、グリーンオーバーしないように気をつける必要があります。

前足上がりではロフトが増すので左に曲げる可能性があるため、目標を右にするだけでなく、フェースを開いて曲がりを抑える必要があります。前足下がりは普通に構えるとヘッドのトゥが上がってトップの危険性があるので、ハンドアップにしてソールを斜面にピタッと付けるようにしてください。グリーンを狙うよりも花道まで運ぶ意識を持って、寄せワンでパーをとる作戦に切り替えてほしいです。

高田　ありがとうございます。それと距離の短いパー4のときに、セカンドショットの距離感が合わないことがよくあります。私は飛ぶほうなのでセカンドが100ヤードを切ることも結構あって、そのときにピッチングウェッジでピンを狙ってグリーンオーバーすることが多いんです。強く打ってしまって、それを怖がると弱すぎて届かない。

後方の選手が先に打ってグリーンに乗せたときなど、自分のほうが飛んでるんだし、もっとピンに近づけたいと思ってしまいます。グリーンオーバーすると逆目のラフになってダフって飛ばず、下りのパットになってボギーやダボにまでなります。他の人がパーをとったりすると悔しくて、その後のプレーに影響してしまいます。

南田プロ　距離と気持ちのコントロールができていないのですね。まずは100ヤード以内の時に力加減で距離をコントロールするのではなく、振り幅で距離をコントロールできるように練習しておくことです。スイングのリズムやスピードは一定にし、振り幅と距離を把握しておくのです。スイングを時計盤に見立てて、11時～1時、10時～2時、9時～3時の3つの振り幅の距離を把握しておくのです。これがわかれば10ヤード刻みでピンに寄せられる。これを覚えてから、5ヤード刻みの感覚をマスターしていくことです。

大事なのはピンまでの距離を打とうとするのではなく、この振り幅ならこの距離になるという物差しを作っておくこと。この物差しによって自信がつく。そうなれば気持ちのコントロールもできてきます。自分よりも飛ばなかった人がグリーンに乗せても動揺しなくて済みます。「自分は自分」と思ってプレーすることができるのです。それはパターでも同様です。カップまでの距離を打とうとして力を加減すればミスしてしまう。そうではなく、この振り幅なら何m転がるかがわかっていれば、その物差しを使えばいいということです。

高田　もう一つ、嫌だなと思ってミスしてしまうのは、長いパー4でセカンドでユーティリティや長いアイアンを持ったときに、思いがけない引っかけが出ることなんです。元々ドロー打ちですが、引っかけてしまうとすごく転がってピンチになります。難しいところから短いアプローチをすることになり、ピンに寄らなくてボギーにしてしまいます。ピンが近くでも絶対にOKに寄せたいと思ってミスしてしまいます。

南田プロ　ミスがミスを呼ぶ悪いパターンですね。これはミスの把握ができていないためにミスの許容範囲が狭くなってしまっていることが問題です。最初のミスはグリーンまでの長い距離を乗せたいと欲張ってしまうからですね。ピンが遠くに見えているので、思わず力んでしまうのでしょう。このクラブでは自分のいつものスイングであれば何ヤード飛ぶのかということをあらかじめしっかり把握して、その距離を打つこと。それでは届かないのであれば、届かなくてよいと割り切ること。無理して届かせようとはしない。ミスを招きますから。力まなくなり、引っかけるミスがなくなりますよ。

高田　どこからでもグリーンに乗せたい、という欲がいけないのですね。無理して打って大ケガしたら馬鹿ですよね。もっと冷静になってどうするかを考えないといけませんね。試合になるとどうしてもテンションが上がってピンばかり見てしまいます。失敗すると頭に来ちゃってアプローチまでミスしてしまうのだと思います。

南田プロ　ゴルフにミスは付きものです。しかし、そのミスが自分にとってどれほどのものかを知らなくてはいけない。例えば7番アイアンなら、ピンから周囲15ヤードのミスは起きる。ピッチングなら10ヤードのミスがある、というふうに自分のミスの範囲を知ることです。そうすればミスの許容範囲ができてくる。ミスを許せるようになるわけです。**ミスの許容範囲がわかれば怒ったり落胆したりといった動揺がなくなります。**後のプレーにミスが響かない。そういったラウンドを心掛けるべきです。

†バンカーショットのトラウマは成功体験を積んで克服

京橋　最初にも言いましたが、私はバンカーショットが苦手です。これまでの悪いイメージがトラウマになっています。打つ前から出ないんじゃないかと思い、実際に出ないと、もうパニクってしまいます。2発、3発と出ないで、ようやく出てもちょっとだけで、グリーンには乗らない。バンカーで大叩きしてしまうのです。出そうとしてすくい上げてしまうので、ボールが飛ばないのだと思います。

面樽　私もバンカーが大の苦手です。何だかわからないけど砂を深く掘ってしまってボールが飛ばないのです。友達がスマホで動画を撮ってくれたのですが、自分では思ってもいないほどひどいフォームなのです。出そうとして力んで腰砕けになっている。高く上げようとして右肩が下がり、しかも腰が引けてしまったということでしょう。情けない姿で、情けない結果です。

鎌倉　アリソンバンカーというか、深いバンカーに入ったときは緊張しますね。出ないんじゃないかと不安が頭によぎると、やはり出ない。出てもほんの僅かで、恥ずかしいやら照れくさいやらで顔を上げられません。特に仕事先のお客さんと一緒の時など、顔に火がついたみたいになって。皆さんが笑いもせず、平静を装っているのが余計にこたえます（笑）。

野方　バンカーショットはほとんど練習できないショットなので、緊張しますよね。ゴルフをやり始めのときにバンカーから上手く出ないと苦手意識が芽生えて、それが繰り返されるとトラウマになってしまう。しかし、ゴルフ場にバンカーは必ずあるし、避けていても入ってしまうのがゴルフという皮肉なスポーツですよね。バンカーは一度で出ないと、二度、三度と繰り返して大叩きとなる。それもパニックになって顔面蒼白、急いで出そうと矢継ぎ早に打つので瞬く間に大叩きになってしまう。大変に厄介なミスだと思います。

久富先生　ゴルフは楽しくプレーしたいものですよね。ですので、バンカーショットのトラウマは何としても払拭しなければいけない。本番で成功体験を積むしかありません。メンタルがやられている場合は、練習場でいくら練習しても効果が出にくい。練習では上手く出せるのに、本番では出ないということになるのです。ですから、本番中に成功させるしかない。

まずは、バンカーに入れてしまったら、大きく深呼吸して、ゆっくりと打つこと。苦手意識はスイングを速めます。思いきり打たなければ出ないと錯覚しているので、力が入る。固くなったぎこちないスイングで、しかも早打ちする。砂をたくさんとるだけでボールは飛ばないという結果になってしまうのです。ですから、ゆっくり打つ。**バンカーの外でゆっくりした素振りで地面を叩く。それからゆっくりとバンカーに入って、「絶対に出る」と自分に言い聞かせてゆっくり砂を打つ**ことです。

それでも出なくて何度か打ってしまったら、ホールアウトした後、後ろの組がいなければ、もう一度、同じバンカーに入ってバンカーショットを行う。ゆっくりスイングしてボールが上手く出れば、それが成功体験になります。ミスショットを上塗りするのではなく、ミスショットをナイスショットで上書きする。書き換えるのです。ラウンドの度にやってみる。成功体験が積み重なってバンカー恐怖症がなくなる。トラウマが消える日が必ずやってきます。

†パットは「自分は上手い」と言い聞かせて思い込む

面樽　久富先生が言われたことは、パットでも同じですよね。私はしょっちゅう大事なショートパットを外してしまうのですが、考えてみれば、打つ前に「外れたらどうしよう」と思っているわけですね。「絶対に入れる」と自分に言い聞かせていなくて、不安のほうが強くなっていた。パーセイビングパットとか、バーディパットのときに特に外したくないという気持ちが強くなってしまうのです。

加賀　その気持ち、よくわかります。岡本綾子プロは「パーセイビングパットは大事。悪い流れを止められ、良い流れにすることができる」と言っています。プロの試合を見ていても、あのパーパットが優勝の鍵を握っていたということが本当に多くあります。我々で言えば、これを外したらダボになるというボギーパット。1・5mくらいの距離になります。そういうパットをしっかり沈められる人はメンタルが強いなと思います。こうしたメンタルは練習すれば強くなるといったものでないところが厄介ですよね。

久富先生　まずは、**パットが苦手な人はそれを口に出してはいけません。**「パットが下手」とか「3パットする」とか「1mが入らない」などという言葉は決して言ってはいけない。自分で自分を貶《おとし》めてはいけないのです。

自分から「パットは苦手だ」と口に出してしまうと、どんどんパットが下手になってしまいます。ですから絶対に言ってはいけない。そして、腕前に関係なく、自分はパットが上手いと思うことです。それも「俺はパットが上手い」と口に出すことです。毎朝、顔を洗うときに鏡で自分の顔を見つめながら「俺はパットが上手い」と大声で言うのです。そうするうちに自然とパットが上手くなります。それと、相手をほめないこと。パットの上手い人を見ても「パット、上手いですね」などとほめない。「自分のほうが上手い」と言い聞かせることです。

五十嵐　車いすテニスの国枝慎吾選手は、「俺は最強だ!」と口に出すそうですね。形勢が不利なとき、心が折れそうになったときに、敢えて口に出すと。メンタルトレーナーがそう口に出すようにとアドバイスしたのですが、最初は信じられなかったそうです。しかし実際に試合で口に出すと、何故か勇気が湧いてきて重圧を跳ね返せたと言っています。「負けたらどうしよう」から、「絶対に勝つんだ」に変わったと。自己暗示かも知れないけれど、それでメンタルが強くなればそれに越したことはないですよね。

――その通りですね。メンタルの強い人はそもそも強かったわけではありません。緊迫した場面に多く遭遇して、それを乗り越えた人が強いと言われるようになっただけです。本当はメンタルが弱かったために、自己を鍛えていったのかもしれない。ですから、自分のことをメンタルが弱いとは思わない。弱ければ強くすればいい。久富先生がおっしゃるように、自分を否定するようなことは思わないし考えない。「自分はパットが上手い」「自分はバンカーショットが上手い」と言い聞かせるうちに、本当にそうなるということです。**自己暗示こそ、メンタルを強化する最大のポイント**なのです。

第8回［スコアメイク］

スコアは出すものでなく、作るものである

発言者

■指導者

・久富章嗣先生（72歳）元日本大学ゴルフ部主将。ゴルフ向学研究所所長
・尾林弘太郎プロ（61歳）後藤修氏の下で研鑽を積む。「ロジカルゴルフ」提唱者

■アマチュア

①ゴルフ歴②平均スコア・HD（ベストスコア）③年間ラウンド数④ドライバー飛距離

・五十嵐龍吾（66歳・男性）①35年②95・HD18（78）③10回④210y
・池田三夫（66歳・男性）①23年②平均95・HD26③30回④210y
・面樽太志（66歳・男性）①30年②90・HD18③50回④220y
・鎌倉太一（64歳・男性）①10年②98（87）③40回④220y
・向山　健（66歳・男性）①40年②95③15回④200y
・昇田球一（82歳・男性）①50年②90（73）③30回④160y
・高松丸平（66歳・男性）①40年②98③30回④230y
・野方よん（65歳・男性）①53年②88・HD12（68）③25回④220y
・半藤大人（66歳・男性）①19年②84・HD9③100回④230y
・水乃土竜（61歳・男性）①35年②88（76）③40回④210y
・保元　勉（70歳・男性）①30年②84・HD9③30回④200y

――「ゴルフ白熱教室」もいよいよ最終回です。最終回のテーマは「スコアメイク」。これまで話してきたことの集大成です。**アドレスやスイング、ロングショットやショートゲーム、コースマネジメントやメンタルタフネスもすべて「スコアを良くする」ことが目的で話し合ってきた**ことです。では、「スコアメイク」で何を議論するかというと、18ホールをいかに上手くプレーしてスコアを良くするかです。

ゴルフは目の前の1打で終わるものではなく、1ホールで終わるものでもない。通常は18ホールを回って、初めてゴルフと呼べるものになります。1ラウンドのスコアがプレーを行った証なのです。その「スコアメイク」について議論したいと思います。

「ゴルフは人生のようだ。良いことばかりじゃない。だから面白い」と言ったのは岡本綾子プロです。確かに1ラウンドすれば、山あり谷ありだったということは多い。良いことばかりのほうが楽しいように思えますが、悪いことを克服することこそゴルフの醍醐味であり、人生の有り様だと岡本プロは言いたかったのでしょう。

1番ホールをスタートしたら、18番ホールが終わるまでプレーは続行されます。途中で投げ出すことはできない。良くても悪くてもプレーは最後まで行わなければいけない。もちろん人生と同じで投げ出す人もいるでしょう。しかし、ゴルファーにとって、それは情けない行為です。ボビー・ジョーンズは言っています。

「最後のパットまでベストを尽くすことができない人を、私は軽蔑する」

良くないことが起きても、ぐっと堪えてプレーを続ける。ゴルファーとしての真価が問われるところです。人間としての価値が決まるということです。ゴルフは紳士のスポーツだと言われますが、それは最後まで投げ出さずに真摯に向き合わねばならないスポーツであることを意味していると私は思っています。それを踏まえて皆さん、1ラウンドでのスコアを良くする方法を話し合ってみてください。

高松　ゴルフは楽しいですが、スコアを良くしようと思えば途端に苦しくなります。しかし、スコアを付けなければ面白くない。スコアを付けるからこそやり甲斐が出ます。スコアが良ければ嬉しいし、悪ければ悲しい。だからこそ上達しようと思うわけですが、そのときに倉本昌弘プロの言葉を思い出します。**「スコアを良くしようとしたら、退屈なゴルフをすることだ」**。この言葉はイチかバチかのプレーは慎めということです。堅実なプレーを行っていけばスコアは良くなると。倉本プロから言わせれば、自分自身のゴルフはまさに「退屈なゴルフ」になるのでしょう。勝つためにそうしたゴルフをしているわけです。

向山　一見派手に見える倉本プロのゴルフが、実は地道なプレーでできあがっているというわけですね。常に冷静に考えて確実なプレーを選択している。それが「スコアメイク」だと。我々アマチュアは、スコアを気にしなければエンジョイすればいい、無謀なことだってやったって構わない。でも、スコアを良くしたいと思えば、地道にプレーしなさいということですね。

池田 それはつまり、パーセンテージゴルフ、確率のゴルフをしなさいということですよね。その確率でよく言われるのが、「8割の成功率になると思えるプレーをせよ」ということです。例えば林にボールが入る。グリーンを狙うとすれば枝と枝の小さな空間しかない。斜め前に出すのなら、ちょっと先の木と木の間を狙える。横に出すのなら前の木と木の間を抜けばいい。私の場合、ピンを狙うのはギャンブルです。であれば斜め前を狙いたいところですが、それでも木に当たる可能性がある。ですので、仕方なく真横に出すことになりますね。真横なら100%大丈夫だと。

面樽 アベレージゴルファーにとって予想の成功確率が8割だとすれば、結果の成功率は6割かも知れません。となれば、予想の成功率が10割となるプレーを選択するべきですね。そして、実際の成功率8割のプレーを最初から最後までやり続ける。その意志が重要なのですね。ところがついついギャンブルしたくなる。ゴルフでは、できないこともできそうに思えてしまう。やってみたらという悪魔の囁《ささや》きも聞こえます。というのも、これまでエイヤとやって上手く行ったこともあるからですね。とはいえ、圧倒的にキンコンカン（木に当たって、林から出ない）が多い。失敗のトラウマがある一方で、運の良かった一打も忘れられない。困ったものです。

五十嵐　問題は、予想外のミスが出たときにパニックに陥ることです。頭が白くなって確率のことを忘れてしまう。「もうどうにでもなれ」と、できもしないことをやってしまう。失敗しても続けてしまって大叩きになる。特に林から一発で出ないと横に出すなんてことができなくなる。やはり、冷静さこそゴルフにおいて大事なことですよね。

鎌倉　私の場合、ひどいミスが出ると怒るか意気消沈するかになってしまいます。例えばアプローチのザックリは血がカッと上って頭に来ますし、ドライバーを曲げてOBを打ったときはがっくり来てしまいます。そうなるとプレーが投げやりになって、そのホールを早く終わりたいとパットまでいい加減になって大叩きになります。ゴルフに喜怒哀楽は禁物だとわかっていても、生来の性格でしょうか。

保元　中部銀次郎さんの言葉に、**「起きたことに鋭敏に反応してはいけない。柔らかくやり過ごすこと」**というのがあります。中部さんでも予想外の出来事は起きる。しかし、すぐにカッとなったりがっかりしたりせず、柔らかくやり過ごして、次のショットに集中するということですね。「ゴルフでは、あるがままを受け入れる」とも中部さんは言っています。いつでも冷静に心を安らかにして、泰然自若に構える。なかなかできませんが、努力することが大事なのでしょう。

――私は、ゴルフこそ心を鍛えるスポーツだと思っています。悪いショットを打ったときこそ、深呼吸して心を平静にする。悪いことが続いたら、グッと堪えて我慢する。我慢強い人間になるために、ゴルフによって自分の心が鍛えられていると思えば乗り越えることができます。

体を鍛えることのできるスポーツは多いけれど、心を鍛えることのできるスポーツは少ない。心が鍛えられれば、日常に起きる様々なことにも耐えられる力が得られます。また、良いことが起きても大喜びせず、淡々と運の良さに感謝する。そんな謙虚な気持ちを持つことができれば、ピンチになっても救われる。私生活でもそうした心があなたを助けてくれます。そう思って、真摯にゴルフと対峙することだと思います。

†ゴルフはマラソンと一緒。エネルギーの配分を考える

久富先生　「18ホールをいかに上手くプレーして、スコアを良くするか」ということに関して、私は生徒たちに**「ゴルフはマラソンを走るのと同じようにプレーすることが大事だ」**と伝えています。ゴルフは1ラウンド4～5時間かかる。マラソンも市民ランナーなら同じくらいの時間がかかります。これほどの長い時間を体力や集中力を切らさずにプレーするにはエネルギー配分が大切です。

つまり、スタートホールから全力でプレーしては後が持たない。十分に余力を持たせてプレーし、徐々に体を温めて調子を上げ、リズム良く歩きショットし、やがてはゾーンに入って無意識に集中している状態を作っていく。ラスト3ホールは、疲れることなく冷静に確実にホールアウトしていく。そうした1ラウンドになるようにしてほしいと思います。

野方　私は、明日ゴルフだと思うだけで嬉しくて朝早く起きてしまいますし、テンションも上がって、スタートホールではやる気満々でナイスショットを放とうと鼻息も荒くなってしまいます。それで失敗することもありますが、時には意外と上手くいってパーがとれ、しかも3連続でとれたりして、ハーフでベストスコアが出たこともあります。

それで、さあ後半と思った矢先にボギーを打ち、それも連続で出たりして、あれよあれよという間に崩れてしまう。最後3ホールは息も絶え絶えでダブルボギーばかりとなり撃沈。終わってみれば80台はおろか、90越えになっていたなんてことがあります。ゴルフもエネルギー配分を考えないといけないですね。

鎌倉 そう思います。「スコアメイク」は作るという意味だから、料理と一緒だなんていう人がいます。飯炊きのように、米を洗うとか水に漬けておくとか準備をしっかりして、それからの火入れがラウンドみたいなものです。歌にあるように「始めちょろちょろ、中ぱっぱ、赤子泣くともふた取るな」を実行する。

最初は弱火で吹きこぼれないようにし、中頃からは強火にして甘みが出るほど炊きあげ、最後は火を消して蒸らす。誰がどんなプレーをしようと己のプレーに集中してラウンドを終える。こうすれば、うんと美味しいご飯が炊けるように良いスコアであがれるというわけです。でも、ラウンド当日はやはりワクワクして、なかなか弱火でスタートできません。

水乃 スタートではパーオンを狙わず、ボギーオンでいいと思ってプレーしたいものですよね。ですから朝イチのティショットは、とにかく6割の力に抑えて打つ。当たりも6割、飛距離も6割でいいと尾林プロが言ってましたよね。そうしてスタートホールはトラブルなし、ピンチなしでさらっとボギーであがる。始めちょろちょろのチョロは嫌ですが、あくまで弱火の力加減で調子が出てくるのを待って、出てきたら思い切りプレーしていく。終盤は落ち着いて大叩きせずにプレーを締めくくる。そうした大人のプレーをやらなきゃいけませんね。

保元　自分のプレーに自分が上手く乗っていく。それには歩きのリズムが大事だと思っています。ゴルフプレーはほとんど歩いている時間だと言ってもいい。だらだら歩いてはゴルフも締まりのないものになってしまう。青木功プロが勝てなかったときに、中部銀次郎さんは**「前を向き胸を張って大股で早く歩けば、それだけでアドレスの姿勢が良くなり、リズム良くスイングできる」**とアドバイスしたそうです。それほど、ゴルフでは歩くことが大切。ミスショットが続いてスコアが悪くなると、どうしても俯いて肩を落として歩いてしまう。そういうときほど顔を上げて歩かないといけませんね。

——ウォルター・ヘーゲンが初めて全英オープンに挑戦したとき、強風に太刀打ちできず最下位から2番目で予選落ちを喫したのですが、常に顔を上げて胸を張ってきびきびと歩いたそうです。「たとえ負けても最後まで堂々とプレーする。それがアメリカ代表のヘーゲンだ」と彼は言いたかったのです。英国民もそうしたヘーゲンに敬意を表し、その後彼は4度も全英オープンに優勝する。意地と誇りが歩きの姿勢に出ていたというわけです。

また、ヘーゲンは今から100年も前にパーセンテージゴルフを提唱していた。彼のゴルフは一見ギャンブルに見えるけれど、実は緻密に確率を計算したものだったのです。常に確率の高いプレーを選択して勝利をたぐり寄せていった。それも自分の精神状態を鑑みて、奇跡のようなショットも必ずできると思えたときに大勝負に出る。実際にミラクルと思えるショットを放って観衆の度肝を抜くから、大きな人気を得たとも言えるのです。

†良い流れは絶やさずに、悪い流れは断ち切るプレーを心掛ける

久富先生　良いプレーを続けるには、良い流れにすることです。18ホールをプレーすれば山あり谷ありは当たり前ですが、まずは波風の大きく立たないプレーをしていくことです。それには「4ないゴルフ」を全うする。「飛ばさない、乗せない、寄せない、入れない」の「4ないゴルフ」です。欲を抑えた謙虚なゴルフ。

多くの方から「そんな消極的なゴルフではひどいスコアになるのでは?」と聞かれますが、実際に「4ないゴルフ」をしてみればわかります。謙虚なゴルフが平穏なプレーを招き、調子が自然と上がっていきます。トラブルのないことがチャンスを生み出すのです。

ボギーでよいと思っているのにパーチャンスがどんどん来て、思わぬバーディまで出てしまう。ラウンドを終えてみればベストスコアが出ていたなんてことにもなる。それがゴルフなんですね。

面樽　謙虚にプレーしているうちに、良いプレーが続いてくる。私にもそういうことがあるのですが、得てして自分から良い流れを切らしてしまう。こんな良いことがいつまでも続くわけがない。そんな疑心暗鬼に駆られるからでしょうか、ささやかなミスを犯してつまらないボギーを打ってしまう。一見、何でもないようなボギーに見えるのですが、それが不運の始まりで、連続ボギーとなり、遂には大叩きまでしてしまいます。どうすれば良い流れを維持することができるのでしょうか？

五十嵐　私は悪い流れになったときに、なかなか断ち切ることができません。ずっとパーが続いてこのままなら80台だと思った途端にボギーを叩き、ダボを叩き、またボギーを叩く。スコアを数えたときなど最悪です。あと2ホール、ボギーボギーで80台だというのに、ダボダボにしてしまったりします。血液型がA型だし、メンタルが弱いんですね。悪い流れから何とか脱出したいけれど、あきらめの境地に陥ります。何とか一発で脱出できる方法がないでしょうか？

昇田　良い流れを維持するのも悪い流れを断ち切るのも、私は笑顔がキーポイントだと思っています。渋野日向子プロが全英女子オープンに優勝したとき、緊張しそうな場面でも笑顔で乗り越えていきました。それで「スマイル・シンデレラ」というニックネームもつきましたが、笑うと緊張感がほぐれます。なので、顔がこわばって笑顔が出ないときは「口角だけでも上げよう」と言います。

私は「笑い療法士」の資格を持っていますが、笑うことは自己治癒力を高め、病気さえ治します。「笑う門には福来たる」と言いますが、笑うことは健康を維持し、強壮にもなります。そうした笑いはスポーツの世界でも大いに役立つ。緊張を解きほぐし、重圧さえ受け入れて戦うことができます。ゴルフでは何も声を出して笑うことはありません。良くても悪くても笑顔でプレーする。有効だと思います。

尾林プロ　良い流れ、悪い流れが続いたときには、一段と集中力を増すことです。ナイスショットしても喜ばず浮かれず、悪いショットが出ても気落ちさせず投げやりにならず、冷静に次のショットに集中する。結果は考えない。目の前の1打だけに集中することです。

また、プレー中はいつでもコンセントレーションとリラックスのスイッチの切り替えをしっかりと行うことです。**ショットを打つときは打つ直前からじわじわと集中力を高めて**

いき、何もかも忘れてボールを打つことだけに集中し、打ったらストンと落として0にする。そしてホワンと歩く。打つことなど完全に忘れてリラックスする。ボールに近づいたら集中力を高め、ライを見極め、目標を決めてクラブを選択、実際のショットと同じ素振りをしたら、さらに集中力を高めてショットする。こうすれば、エネルギーも無駄遣いしないので、最後のホールまで十分に余裕を持ってプレーすることができます。

鎌倉　私は出だしのホールで躓《つまず》くことがよくあります。皆さんが言うように、私だって6割のスイングでそこそこのショットが打てればいいと思っています。それなのにいきなりチョロが出たりするわけです。本当に力を入れずに振っているにもかかわらずです。コンペや接待ゴルフなどで結構あります。やはり結果を知りたいと早く頭が上がるからでしょうか。そして、最初のホールで躓くともう前半はすべて上手く行かない。立ち直るのが後半の中盤くらいになってしまいます。私も血液型がA型で逆境に弱いというか、メンタルが弱いので困ってしまいます。そのかわり、上手くいっているときは調子の波に乗って80台も出るのですが。

久富先生　ウォルター・ヘーゲンが言っています。「出だしが悪くても諦めてはいけない。諦めなければラッキーがやってくる」と。最初にも言ったように、ゴルフはマラソンと同じ長丁場のゲームです。もちろん、最初から何事もなくスーッとゲームに入っていければ最高ですし、誰もがそう願っていて、そうしたプレーをしようと試みます。しかし、ゴルフは事故も起きるし事件が起きるゲームでもあります。マラソンで言えば、窪みに躓いたり、靴の紐が切れたり。目の前を犬が通り過ぎたりということだってないとは言えない。

しかし、そうした不運が生じても諦めてはいけない。ゲームは遥か先まで続くのです。**たった1ホール悪かっただけで、勝負は終わったわけではない。少しずつ挽回することです。**実際、プロの試合でも挽回して優勝することだってあります。そういうことは意外と多く、悪いことは早めに出したほうがいいという人さえいます。絶対に諦めないことです。

——ボビー・ジョーンズも、若い頃は良い流れを持続できないという悩みがあったと言います。その一方でウォルター・ヘーゲンは良い流れをずっと続けられる人で、ジョーンズは「私とウォルターの差はそこにある」と溜息をついたそうです。要は、ゴルフではポジティブ・シンキングでいることが大事だということでしょう。もちろん、危険な箇所などのチェックは必要でしょうが、ネガティブ・シンキングになってはいけない。

ミスを予知して対策を立てるけれども、いざショットを打つ段になったら、「必ず成功する」とポジティブになること。そのショットが成功したら、「次のショットも成功する」と信じて打つ。さらに上手く打てたら、「これほど上手く打てたのは、偶然ではなく実力だ」と自信を持って次のショットを打つ。このように脳をポジティブにして、良い流れを断ち切らずに続けて行くことが重要なのです。最後にはジョーンズも悟って**「良いスコアを維持するには、それを続けられると信じること」**と言っています。

このことは、悪い流れを断ち切るときにも使えます。ミスショットしても「次のショットは必ず成功する」とはっきり宣言して打つこと。落胆していた気持ちに渇を入れ、勇気が湧きます。ミスし続けても、絶えず「次はナイスショットになる」と言い続ける。ポジティブ・シンキングを続けて行くうちに、ネガティブ・シンキングが消え、必ず悪い流れから脱出できるのです。

†勝負のポイント、攻め時と守り時を知る

半藤　ゴルフでは波風を立てずに平穏にプレーすることだというお話が随分出ていますが、競技をしている私とすれば勝負所で強い選手が勝つように思えます。特にクラブ選手権で予選を通って決勝トーナメントに出場するとマッチプレーになるので、それを強く感じます。競技でなくとも、上級者はショットが上手なだけでなく勝負所を見極めることができ

て、それをものにするので良いスコアになるのだと思います。チャンスとみればピンを狙っていく。ここはかわしたほうがいいという時は安全にパーオンして、スルッとパーで逃げる。ここをボギーにしては負けてしまうという我慢どころでは、しっかりとパーパットを沈める。やはりこういう人は強い。クラブチャンピオンにも多いです。

五十嵐　あるティーチングプロのラウンドレッスンを受けていたとき、私がボギーペースの後でパーを連続でとったとき、その次のホールでも安全策のボギー狙いでグリーン手前に打ったところ、「何で勝負しないのか」と叱られたことがあります。「いい流れがきているのだから勝負しなきゃいけない。こういうときこそピンを狙わなきゃ」と言われました。

言われてみれば確かにそうで、いつでも安全プレーではベストスコアはなかなか出ないでしょう。チャンス到来とみるや、一気に攻める。「こんなチャンスが来ているのに、自分から勝負を下りてしまうなんて」と言うわけです。ゴルフはゲームであり、ゲームだからこそ勝負所があるということですよね。「もう一度打ってみて」と言われ、ピンそばについたときにそのプロが言いました。「ナイスオン！　こうこなきゃゴルフをやっていても面白くないでしょう」と。この時のことが今も忘れられません。

久富先生　ゴルフプレーとスコアメイクの関係は、そのゴルファーの腕前によって異なります。私が唱える「4ないゴルフ」は100や90が切れないゴルファーに向けた戦術です。安全運転ができるようになり、平均スコアが80台になってきたら、もはやいつでも「4ないゴルフ」ではありません。五十嵐さんが習ったプロが言ったことと同様、流れが自分に向いていて、チャンスが来たと思ったら大胆に飛ばしてピンを狙う。判断が正しければ、絶対に上手く行きます。ここで大きなミスが出るとしたら欲のかきすぎでしょう。冷静に飛ばし、冷静にピンを狙う。したたかにバーディチャンスにつけることです。

面樽 この反対に、悪い流れの時に最大のピンチが訪れた時はどうしたらいいでしょうか？ ナイスショットがディボットにすっぽりとはまった、悪く跳ねて深いラフに入った、といったアンラッキーが続いたときです。

久富先生 逆境だなと感じたら、グッと堪えてしっかり刻んでボギーに収めることです。例えば、突風が吹いてグリーンに乗らず、アプローチも逆目となって寄らないといった不運の連続に見舞われることだってあるでしょう。こんなときに、ダブルボギーになりそうなパットを慎重にラインを読んでボギーに収められれば勝負に勝つことができる。つまりはこれも勝負所だったわけです。冷静に流れを読み、流れに対処する。大事なことです。

——繊細さを持ってプレーし、時には大胆且つ勇気を持って挑まなければならない。それがゴルフの醍醐味であり愉快なところでしょう。アガサ・クリスティは言っています。「諧謔と皮肉のゲームが人生をどれほど豊かにしてくれたか。ゴルフに深く感謝する」と。

私自身の言葉でゴルフをたとえると、それは「海」になります。海の表面は凪いでいるときでさえ流れはある。少しでも風が吹けば波が起き、風が強くなれば高波になり、地震まで起きれば津波になります。自然を相手にするゴルフは、表面上は緩やかな波の如き穏やかなプレーができると思ったら、白波が立つような荒れたプレーになることもあり、嵐のようなOB連発や池や林に入れるプレーになることもあります。

海上が荒れたときは、海中もまた大きなうねりを発生するでしょう。プレーでトラブルが起きれば、プレーヤーの心は揺れ動き、掻き回される。不安に陥り、落ち着かず、疲労困憊となる。しかし、そのさらに海の下、深層ではどうでしょうか？　海上のことなどまったく関係なく静かに佇んでいる。そうした深海のようなゴルフプレーができたらどんなによいでしょう。私はそんなプレーを常に心掛けたいと思っていますが、皆さんはいかがお考えでしょうか？

毎回の白熱した議論、ありがとうございました。これにて「ゴルフ白熱教室」を閉講にしたいと思います。

＊参加者28人のプロフィール

■ゲスト指導者

・久富章嗣先生（72歳）元日本大学ゴルフ部主将。全英オープン予選出場。ゴルフ向学研究所所長。著書に『月いちゴルファーが、1年でシングルを目指す方法』（中経の文庫）他多数。

・尾林弘太郎プロ（61歳）16歳からゴルフを始め22歳でレッスン活動開始。これまで延べ2万人を指導。著書に『ロジカルゴルフ　スコアアップの方程式』（日経プレミアシリーズ新書）他多数。

・南田陽平プロ（36歳）ＰＧＡティーチングプロＡ級。ＩＴＰ認定ゴルフコーチ。ＯＴＴＯ ＣＩＴＴＡインストラクター。

■アマチュア（五十音順）

①ゴルフ歴②平均スコア・ＨＤ（ベストスコア）③年間ラウンド数④ドライバー飛距離⑤志向・レジャーor競技⑥得意クラブ・ショット⑦目標⑧悩みや故障等⑨スポーツ歴・趣味等

・朝倉透（53歳・男性）①20年②95③50回④２８０ｙ⑦85歳でスコア85⑧仕事の関係でラウンド回数が激変

・五十嵐龍吾（66歳・男性）①35年②95・ＨＤ18（78）③10回④２１０ｙ⑤レジャー⑥7番アイ

アン⑦100y以内の精度アップ⑧頸椎・腰椎狭窄症

・浦和徹（56歳・男性）①30年②86・HD10③50回④220y⑤競技⑥PW⑦シングル入り⑧アプローチ

・池田三夫（66歳・男性）①23年②平均95・HD26③30回④210y⑤レジャー⑥SW⑦飛距離230y⑨サッカー

・面樽太志（66歳・男性）①30年②90・HD18③50回④220y⑤レジャー⑥FW⑦常に80台⑧悩みはアプローチとパット

・加賀春之輔（74歳・男性）①15年②95（87）③30回④200y⑤レジャー⑥UT⑧パット⑨ウォーキング・年間30万歩

・鎌倉太一（64歳・男性）①10年②98（87）③40回④220y⑤レジャー⑦常に80台⑧アプローチ

・喜瀬陽一（66歳・男性）①40年②100（81）③10回④200y⑤レジャー⑥アプローチ⑦中学校同窓会のコンペで優勝⑨器械体操・ラグビー

・京橋一蔵（63歳・男性）①35年②95・HD18（80）③65回④210y⑤レジャー⑥PW⑦毎年平均2~3打縮める⑧体力低下、アプローチ

・向山健（66歳・男性）①40年②95③15回④200y⑤レジャー⑥アイアン⑦常に90台⑧飛距離

低下⑨野球
・五明都幾子（46歳・女性）①6年②85③45回④200y⑤競技⑥ウェッジ⑦飛距離アップ⑨テニス
・山頭鉄太（83歳・男性）①48年②100③20回④200y⑤レジャー⑥なし⑦常に100y以内オン⑨水泳・1日1万5000歩
・下田洋子（63歳・女性）①20年②98・HD22③30回④180y⑤レジャー⑥ドライバー⑦アプローチの精度アップ
・昇田球一（82歳・男性）①50年②90（73）③30回④160y⑤レジャー⑥UT⑧悩みなし⑨野球・趣味は狂言、囲碁、俳句
・高田百利（16歳・女性）①6年②75（68）③50回④230y⑤競技⑥ドライバー⑦プロになりたい
・高松丸平（66歳・男性）①40年②98③30回④230y⑤レジャー⑥ウェッジ⑦飛距離アップ⑧股関節痛⑨スキー1級
・中田孝一（74歳・男性）①40年②105（90）③30回④190y⑤レジャー⑥アイアン⑨ハンドボール、卓球、長距離　趣味は読書
・西和泉（73歳・男性）①50年②85・HD10（73）③60回④230y⑤レジャー⑥ドライバー⑦

パット数30回以内⑨陸上・中距離
・野方よん（65歳・男性）①53年②88・HD12（68）③25回④220y⑤レジャー⑥なし⑧腰痛⑨ボウリング、野球、卓球、元大学ゴルフ部
・馬場聖志（74歳・男性）①50年②80・HD6③120回④220y⑤競技⑥パット、アプローチ⑦全日本で10位以内⑨野球、クラチャン2回
・半藤大人（66歳・男性）①19年②84・HD9③100回④230y⑤競技⑥7番アイアン⑦アプローチの精度アップ⑨テニス
・真波好男（67歳・男性）①30年②87（77）③100回④220y⑤レジャー⑥8番アイアン⑦常に80台⑧腰痛⑨ラグビー
・水乃土竜（61歳・男性）①35年②88（76）③40回④210y⑤レジャー⑥アプローチ⑦楽しいゴルフ⑧飛距離低下⑨ラグビー
・保元勉（70歳・男性）①30年②84・HD9③30回④200y⑤競技⑥ウェッジ⑦癌になりPGA障害者ゴルフ競技会優勝⑨スキー一級
・雪野小百合（47歳・女性）①3年②85・HD10（78）③60回④210y⑤競技⑥ドライバー⑦倶楽部対抗連続出場⑧アイアンが苦手、ドローとフェードが両方出ること⑨バレーボール、趣味は筋トレ

あとがき

本書は『書斎のゴルフ』の愛読者の方々にご協力いただき、書きあげることができました。改めて次の方々に深く御礼申し上げます。

安達徹さん、安達義一さん、市川清さん、大内賢さん、大塚聡一郎さん、尾林弘太郎さん、笠原久幸さん、上瀧彰さん、佐伯満さん、堺澤秀行さん、島田一郎さん、関日出夫さん、高橋知花さん、中田透さん、中根将好さん、並木繁さん、奈良場三郎さん、南田陽平さん、野原美佳さん、久富章嗣さん、深瀬治則さん、藤田哲三さん、古川由妃さん、眞武研二さん、柳生田幹久さん、渡辺隆さん（五十音順）。

また、筑摩書房編集部の羽田雅美さんには企画から編集・校正に至るまで多大なご尽力をいただきました。この場を借りて御礼申し上げます。

この本を読んでいただいたすべての皆さまのゴルフプレーが向上し、スコアがよくなりますことを切に願っています。ありがとうございました。

二〇二三年四月吉日

本條　強

ちくま新書
1731

ゴルフ白熱教室《はくねつきょうしつ》

二〇二三年六月一〇日　第一刷発行

著　者　本條　強（ほんじょう・つよし）
発行者　喜入冬子
発行所　株式会社　筑摩書房
東京都台東区蔵前二-五-三　郵便番号一一一-八七五五
電話番号〇三-五六八七-二六〇一（代表）
装幀者　間村俊一
印刷・製本　三松堂印刷　株式会社

ISBN978-4-480-07559-8 C0275

ちくま新書

1560
マスターズ
——ゴルフ「夢の祭典」に人はなぜ感動するのか
本條強
一人のアマチュアの夢が、なぜ4大メジャー大会の一つとなり、全ゴルファーのあこがれとなっていったのか。マスターズの歴史、名勝負からその秘密を解き明かす。

726
40歳からの肉体改造
——頑張らないトレーニング
有吉与志恵
肥満、腰痛、肩こり、関節痛。ストレスで胃が痛む。そろそろ生活習慣病も心配。でも忙しくて運動する時間はない……。それなら効果抜群のこの方法を、どうぞ！

1115
カラダが変わる！ 姿勢の科学
石井直方
猫背、肩こり、腰痛、冷え性に悩む人必読！ 人体の仕組み、姿勢と病気の関係などを科学的に解説し、効果的なトレーニングを多数紹介する。姿勢改善のバイブル。

1320
定年後の知的生産術
谷岡一郎
仕事や人生で得た経験を生かして、いまこそ研究に没頭するチャンス。情報の取捨選択法、資料整理術、そして著書の刊行へ。「知」の発信者になるノウハウを開陳。

1444
阪神タイガース 1985-2003
中川右介
1985年の日本一から2003年のリーグ優勝まで、二度の暗黒時代を阪神タイガースはいかに乗り越えてきたか。栄光と挫折の歴史を、事実に基づき再構成する。

1476
長い老後のためのお金の基本
——年金・貯金・投資がわかる
横山光昭
「年金」「貯金」「投資」「保険」「介護」「相続」のそれぞれで、必ず押さえておくべき知識と情報を家計再生で大人気のFPが解説。今、自分が何をするべきかがわかる。

1537
定年後の作法
林望
定年後の年の取り方に気を付けよう！ 無駄なことに時間を使ったり、偉そうにしたりするのではなく、適度に清潔で品のある人にみられるための方法を伝授する。